MAQUIAVEL
E O MAQUIAVELISMO

MAQUIAVEL E O MAQUIAVELISMO
AUTOR
António Bento
REVISÃO CIENTÍFICA
PEER REVIEW
Juan Manuel Forte e Pedro Lomba
EDITOR
EDIÇÕES ALMEDINA, S.A.
Rua Fernandes Tomás, nºs 76, 78 e 79
3000-167 Coimbra
Tel.: 239 851 904 · Fax: 239 851 901
www.almedina.net · editora@almedina.net
DESIGN DE CAPA
FBA.
IMAGEM DA CAPA
Niccolo Machiavelli (1469-1527), filósofo italiano, escritor e político.
Retrato (c. 1900) de autor desconhecido. / DEA
Picture Library / De Agostini / Getty Images
EDITOR
EDIÇÕES ALMEDINA, S.A.
IMPRESSÃO E ACABAMENTO
PENTAEDRO, LDA.
Fevereiro, 2012
DEPÓSITO LEGAL
339978/12

Toda a reprodução desta obra, por fotocópia ou outro qualquer processo, sem prévia autorização escrita do Editor, é ilícita e passível de procedimento judicial contra o infrator.

 GRUPOALMEDINA

BIBLIOTECA NACIONAL DE PORTUGAL – CATALOGAÇÃO NA PUBLICAÇÃO
MAQUIAVEL E O MAQUIAVELISMO
Maquiavel e o maquiavelismo / António
Bento... [et al.]
ISBN 978-972-40-4737-9
I – BENTO, António
CDU 321

ORGANIZAÇÃO E INTRODUÇÃO
António Bento
...
António Bento · Diogo Pires Aurélio · João de Almeida Santos
Luís Salgado de Matos · Manuel Anxo Fortes Torres
Miguel Morgado · Rui Bertrand Romão

MAQUIAVEL
E O MAQUIAVELISMO

ALMEDINA

ÍNDICE

INTRODUÇÃO
António Bento 9

MAQUIAVELISMO E ANTI-MAQUIAVELISMO
NA RAZÃO DE ESTADO DA CONTRA-REFORMA
António Bento 23

A FORTUNA, OU O IMPREVISÍVEL EM POLÍTICA
Diogo Pires Aurélio. 63

PERIGO, DECADÊNCIA E *VIRTÙ*:
RAYMOND ARON, LEITOR DE MAQUIAVEL
Miguel Morgado 95

MAQUIAVEL ENTRE DOIS MUNDOS
Luís Salgado de Matos. 115

VIAGEM PELAS RELEITURAS DE MAQUIAVEL
João de Almeida Santos. 137

SAUDADES DE MAQUIAVEL
Rui Bertrand Romão 159

MAQUIAVELO E O PROXECTO POLÍTICO BURGUÉS
Manuel Anxo Fortes Torres. 173

Introdução

ANTÓNIO BENTO

Introdução

ANTÓNIO BENTO

O livro que o leitor tem entre mãos resulta de um projecto de investigação intitulado «Actualidade de Maquiavel» levado a cabo no *Instituto de Filosofia Prática*, centro de investigação financiado pela *Fundação para a Ciência e a Tecnologia* com sede na *Universidade da Beira Interior*. *Maquiavel e o Maquiavelismo* é o produto final de uma investigação feita entre colegas e amigos que, em conjunto, se propuseram estudar o pensamento político do secretário florentino e as diferentes modalidades da sua enorme e polémica influência no conjunto da teoria e da filosofia política modernas. Reflectindo embora as preocupações e a investigação particular de cada um dos autores, o assunto geral dos estudos que aqui se dão ao público oferece um panorama suficientemente variado de alguns dos mais importantes aspectos da radical novidade dos ensinamentos políticos de Maquiavel, bem assim como uma tentativa de avaliação daquela espécie de *a priori* histórico do moderno exercício da política que ficou sendo conhecido por «maquiavelismo». Do confronto da experiência política contemporânea com o legado político de Maquiavel nasceu a formulação de alguns tópicos e problemas que a seguir se apresentam. Foram eles que serviram de quadro à reflexão e à discussão conjuntas que estiveram na génese de *Maquiavel e o Maquiavelismo*.

1. Mote

Terá Maquiavel fundado a análise da política moderna? E terá também Maquiavel estabelecido, de um modo eficaz e duradoiro, as próprias regras da comunicação política moderna? A possibilidade de uma resposta positiva a estas duas perguntas obriga a uma reflexão sobre o significado político do chamado «maquiavelismo» na contemporaneidade. E uma tal reflexão é tanto mais necessária quanto mais o controlo político da comunicação é hoje um assunto de agenda, um assunto suficientemente sério para que possa ser entregue, sem mais, nas mãos apenas dos seus profissionais – tanto nos profissionais da política como nos profissionais da comunicação política. Mas o que é, afinal, o «maquiavelismo» senão um termo com um significado eminentemente flutuante, cujo sentido varia de acordo com os interesses e as inimizades de quem ocasionalmente o usa como arma de arremesso político?

Seja como for, e independentemente do sentido das respostas atribuído a estas questões, o pensamento político de Maquiavel é uma referência obrigatória sempre que o investigador das coisas políticas procura estabelecer quer as condições de possibilidade da comunicação política moderna, quer – sobretudo em sociedades altamente mediatizadas – as diferentes modalidades do seu exercício. Com efeito, da gestão astuciosa das aparências à construção artificiosa da reputação; do governar com o apoio do povo e/ou dos grandes à condução do sentimento popular e ao condicionamento da opinião pública e/ou publicada; do quebrar estratégico da palavra dada ao encobrimento da inobservância das promessas; do uso/abuso do segredo (reserva, simulação, dissimulação,) ao uso ilícito da mentira; da construção da imagem pública política como visibilidade sem transparência ao uso comunicacional do escândalo (político, financeiro, mediático), levanta-se hoje todo um complexo de questões que assombram, quais espectros, o espelho político em que o actual «Estado de direito» – cioso da supremacia moral do seu «princípio da publicidade» – gosta de se ver reflectido. Será, então, talvez oportuno perguntar: a que ponto, de que modo e segundo que modalidades o hodierno «Estado de direito» legitima aquele que é o seu antepassado bastardo: o «maquiavelismo»?

Na verdade, se hoje o «Estado de direito» se confronta com a sua própria imagem no espelho político de Maquiavel, não é, sobretudo, porque procure saber quais os pressupostos do «maquiavelismo» que nele – sob formas novas, é verdade – se mantêm presentes. Assim, submeter Maquiavel e o «maquiavelismo» ao ponto de vista da nossa actualidade política não significa apenas uma mera contabilidade da herança que o presente recebe do passado, antes implica, e de modo decisivo, uma rigorosa avaliação do significado da brecha que o ponto de vista do presente abre entre o passado e a sua própria auto-interpretação.

Sob esta perspectiva, cabe fazer as seguintes perguntas: constitui a actual ocupação da estrutura institucional do «Estado de direito» pelos partidos políticos uma prova inequívoca da necessidade das práticas políticas «maquiavélicas»? Em que medida e até que ponto vigora ainda o «maquiavelismo» sempre que se trata de adaptar a doutrina clássica da «razão de Estado» às necessidades políticas das democracias representativas contemporâneas? O que é que o novo poder sacerdotal dos *media* faz aos pressupostos clássicos da democracia representativa, ele que a todo o momento muda a direcção política do ressentimento mediante a promoção espectacular de uma democracia directa virtual? De que modo, enfim, a extrema mediatização da política contemporânea, dramatizando as expectativas dos cidadãos, actualiza e intensifica o que se poderia designar por técnicas «maquiavélicas» do exercício do poder?

Finalmente, para que possamos responder a estas perguntas é ainda preciso que saibamos exactamente a que ponto o «Estado de direito» hodierno se afastou realmente de Maquiavel. É necessário que avaliemos primeiro, e escrupulosamente, o que nos custa esse afastamento, o que pagamos, enfim, por ele. É necessário, por isso, que saibamos até onde, de maneira talvez insidiosa, Maquiavel se aproximou de nós e do nosso «Estado de direito». É pois necessário que o próprio «Estado de direito» apure o que há ainda de maquiaveliano naquilo que lhe permite pensar-se e definir-se *contra* Maquiavel. Por fim, é necessário ainda que se avalie em que medida é que o protesto moral do «Estado de direito» contra Maquiavel não será talvez ainda uma armadilha que o próprio Maquiavel lhe estendeu – uma armadilha de onde ele, Maquiavel, maliciosamente o espreita e observa.

2. Resumos dos capítulos

Em «Maquiavelismo e anti-maquiavelismo na razão de Estado da Contra-Reforma», procuro dar conta do modo como os escritores católicos contra-reformistas se apropriaram do conteúdo político do chamado «maquiavelismo» mediante um oportuno apelo ao historiador romano Caio Cornélio Tácito. Examino depois as razões pelas quais este encobrimento de um famígero e odioso recurso a Maquiavel através da máscara convenientemente antiga e ambígua de um Tácito frequentemente «aforismado» esteve na origem de uma notável dissimulação ideológica que caracterizou grande parte da literatura política da segunda metade do século XVI e da primeira metade do século XVII. Partindo do pressuposto de que o «anti-

-maquiavelismo» da Contra-Reforma está, de uma maneira ou de outra, ligado ao «tacitismo» e à divulgação de uma profusa literatura sobre a «boa» e a «má» razão de Estado, de que os comentadores católicos de Tácito foram o oportuno e ambíguo veículo histórico, analiso em seguida o modo como os «anti-maquiavelistas» da Contra-Reforma responderam – mediante um paradoxal recurso a fontes do Antigo Testamento – à crítica de Maquiavel à religião cristã. Esta resposta contra-reformista a uma razão de Estado dita «maquiavélica», toma caminhos surpreendentemente «maquiavélicos» em Francisco Quevedo, em cuja obra a diabolização da «má» ou «falsa» razão de Estado como «razão económica» dos «judeus maquiavélicos» se perfila como um tópico decisivo para o entendimento da história da formação da razão de Estado católica e contra-reformista. Incapaz de compreender as razões *políticas* do mercantilismo, essa nova figura da razão de Estado que a Europa se apressava a adoptar, o «anti-maquiavelismo» de Quevedo revela-se como um dos avatares do proverbial anti-semitismo católico.

Recusando o lugar-comum historicista e "cientista" que vê em Maquiavel o precursor de uma nova arte do político que teria antecipado, no domínio das ciências práticas, a metodologia daquela que veio a ser a revolução operada pelo paradigma galilaico-newtoniano nas ciências da natureza, Diogo Pires Aurélio propõe em «A Fortuna, ou o imprevisível em política» uma releitura tão atenta quanto sóbria do capítulo XXV de *O Príncipe*. Analisando de modo exaustivo e consequente todos os matizes do singular combate entre a fortuna e a virtude presente no texto de Maquiavel, Diogo Pires Aurélio mostra a que ponto é redutora, para não se dizer apenas errónea, a identificação sumária da "inovação" política de Maquiavel com uma certa imagem mecanicista da natureza derivada da ciência moderna. Sublinhando os múltiplos aspectos da indeterminação, da incerteza, da contingência, da aleatoriedade e da imprevisibilidade que caracterizam o campo da acção humana quando traduzido em decisões políticas concretas, o autor mostra a insustentabilidade – e a aberração – de uma concepção da política reduzida a uma pura tecnocracia feita apenas de cálculo e planificação. Assim, por muito versátil e adaptável que seja o príncipe quando põe em prática as virtudes que a situação previsivelmente exige ou a necessidade impõe, jamais ele poderá ser bem sucedido se não se revelar capaz de uma virtude extraordinária, virtude elevada que exceda o mero hábito da prudência, virtude a todo o momento única e irrepetível, virtude permanentemente renovada e apta a – pela acção dos seus efeitos – moldar quer os tempos, quer as circunstâncias, quer os modos, em vez de se limitar a uma maneira reactiva de lhes corresponder ou de se lhes adaptar.

Em «Perigo, decadência e *virtù*: Raymond Aron, leitor de Maquiavel», Miguel Morgado confronta-nos com os ensinamentos práticos que o autor de *Maquiavel e as tiranias modernas* retira da noção maquiaveliana de *virtù* num período – o da Guerra Fria – em que uma Europa civicamente indolente – não obstante o seu pródigo crescimento económico – se mostra politicamente impotente para combater a decadência e a corrupção (em sentido maquiaveliano) que minam por dentro as suas instituições. Tomando como analiticamente pertinente a distinção (formulada por Jacques Maritain em *O fim do maquiavelismo*) entre um «maquiavelismo vulgar» e um «maquiavelismo absoluto», o que significa que Raymond Aron separa de maneira radical o que constituiria o "verdadeiro" pensamento de Maquiavel da doutrina que alguns dos seus «discípulos infiéis» abusivamente teriam retirado dos seus escritos, o autor de *Em defesa da Europa decadente* julga poder combater a perda de «vitalidade histórica» dos europeus com a exortação à prática da *virtù* maquiaveliana. Miguel Morgado chama neste passo a atenção do leitor para o facto, aparentemente paradoxal, de ser precisamente no momento histórico em que os europeus começam aos poucos a «curar-se do maquiavelismo» (a expressão é de Montesquieu) que eles mais necessitam dos bons ofícios de um «maquiavelismo moderado ou civilizado», em todo o caso, dos favores de um «maquiavelismo bem concebido» (a expressão é de Maritain), aquele justamente propugnado por Raymond Aron como resposta adequada às enfermidades cívicas de uma Europa que então se mostrava incapaz de fazer um uso digno e consequente do poder, a saber: um uso político do poder capaz de – em caso de necessidade e em tempo oportuno – reconhecer e de confrontar o seu inimigo político. «Maquiavelista civilizado» ou «discípulo liberal» de Maquiavel, eis, em todo o caso, um lúcido Raymond Aron, aquele mesmo que Miguel Morgado nos apresenta, bem consciente dos perigos que assolam a Europa quando esta consente numa despolitização generalizada da experiência cívica sob a forma de um «hedonismo» ou de um «ociosidade» nada virtuosos, que o mesmo é dizer nada maquiavelianos.

Em «Maquiavel entre dois mundos», Luis Salgado de Matos, passando em revista a presença de Maquiavel no pensamento contemporâneo, conclui pela inequívoca actualidade dos ensinamentos políticos do autor d'*O Príncipe*. Uma actualidade de Maquiavel que, cabe dizê-lo, não significa uma originalidade de Maquiavel, pois se a obra do secretário florentino permanece indubitavelmente actual não é porque Maquiavel tenha sido o inventor da separação da actividade política da ética, nem porque tenha sido o primeiro filósofo a aconselhar a mentira e a recomendar a maldade aos homens de estado, como a vulgata de uma certa escolástica contemporânea pretende, mas porque foi o autor que estabeleceu os fundamentos do moderno Leviatão, ao mesmo tempo que entronizou uma teoria da acção social que homologa os actos do príncipe à soberana vontade criadora de Deus. A respeito das maldades aconselhadas já pelos historiadores tardo-medievais, o autor oferece-nos de passagem a sua interpretação do assassinato do Conde de Andeiro, misto, pode dizer-se, de «razões de Estado», de «lavagem da honra» e de «dor de corno». Com efeito, Luis Salgado de Matos entende que a fundação de uma política independente da moral não é uma originalidade de Maquiavel, antes mergulha as suas raízes nas distintas versões da teoria medieval dos dois gládios, simbolizando um o poder espiritual e outro o poder temporal. Mas se não é esta a originalidade de Maquiavel, onde procurá-la então? E que explicação se pode dar para o tremendo êxito de Maquiavel ao longo dos séculos, quer um tal *succès d'estime* assuma a forma da divinização quer a forma da demonização dos seus ensinamentos? No facto simples, considera Luis Salgado de Matos, de a doutrina de Maquiavel – coeva da Contra-Reforma –, ao mesmo tempo que autorizava o regicídio e divinizava o nascente Leviatão, ter lançado as bases de uma ciência da acção liberta das amarras do transcendente, uma ciência da acção exclusivamente humana e mesmo demasiado humana.

Em «Viagem pelas releituras de Maquiavel», numa exegese que pode ser descrita como uma genealogia das metamorfoses da figura do príncipe, João de Almeida Santos acompanha a evolução histórica do legado político de Maquiavel procedendo a uma monitorização do conceito de «maquiavelismo». O autor concentra o seu esforço na enumeração detalhada e na análise minuciosa de dezoito normas técnicas da arte de conservar, manter e ampliar o poder do Estado retiradas daquela que é a mais conhecida das obras do secretário florentino. Sendo completamente independentes da moral e da religião, tais preceitos técnicos obedeceriam exclusivamente a um imperativo instrumental com vista à conservação e reprodução do sistema de poder. Ao contrário, porém, do que na sua época sucedeu com a concepção instrumental da política imortalizada em *O Príncipe,* que pondo um termo à fragmentação e anarquia feudais constituiu o primeiro passo na longa tarefa de preparação do advento do Estado moderno, a actual lógica técnico-instrumental de conservação e reprodução do poder esteve na origem de dois fenómenos díspares mas relacionados entre si. João de Almeida Santos sustenta que as normas técnicas de Maquiavel e o pragmatismo desideologizado que as caracterizam evoluíram no sentido de um «maquiavelismo» político cujos modos de operar se encontram tanto na figura desse príncipe dos príncipes modernos que é o partido político como no poder corporativo dos grandes grupos económicos, o qual, ao exercer um controlo remoto sobre o poder mediático, assegura uma eficaz administração do consenso político e uma gestão adequada das expectativas dos cidadãos. A um «maquiavelismo» de corte ter-se-ia sucedido um «maquiavelismo» dos partidos políticos, e o «maquiavelismo» dos aparelhos partidários ver-se-ia, por seu turno, sobrepujado por um «maquiavelismo» operacionalizado no poder e na influência dos *media*, de cuja objectivação Silvio Berlusconi será hoje a figura emblemática.

Em «Saudades de Maquiavel», Rui Bertrand Romão analisa com acutilante e requintada demora o subtil conteúdo do Proémio ao Livro II dos *Discursos sobre a primeira década de Tito Lívio*, no qual muitos julgam poder descobrir uma singular e sábia teoria da história. Ao declarar, logo de início, sentir saudades de Maquiavel, o autor não se encontra com isso a forjar uma, por assim dizer, aprazível figura de retórica. Bem pelo contrário, é o próprio «contraste de tempos diversos», invocado por Rui Bertrand Romão para contextualizar o sentido do seu ajuizar, que lhe permite julgar, apreciar e saborear o significado íntimo do texto maquiaveliano, conferindo toda a seriedade à saudade assim invocada. O autor manifesta cedo ao que vem, assumindo judiciosamente a sua preferência pelo antigo – não tanto por uma oposição a um moderno propriamente concebido, mas por relação a uma actualidade que o mais das vezes não passará de cego e grosseiro «culto da circunstância». Mas se a admiração confessada de Maquiavel pelo antigo, sujeita embora ao prisma inevitavelmente interessado do presente, é um dado inquestionável, a admiração de Rui Bertrand Romão por Maquiavel não é sem condições. Compreende-se por isso que, face ao império obtuso de uma factualidade auto-centrada, se torne «impossível» para o autor «não sentir saudades de Maquiavel». Tal é manifesto sobretudo quando o autor refere os complexos matizes da escrita maquiaveliana da história como estando impregnada de um virtuoso e intenso *sfumato*. Precavido, céptico quanto baste ante o alegado «realismo» do secretário florentino, Rui Bertrand Romão destaca nele o exercício soberbo de uma ponderada e criteriosa faculdade de julgar conforme os tempos e as circunstâncias. Consciente de que a *verità effettuale della cosa*, objecto último e espécie de segredo a que todo o admirador dos antigos ambiciona chegar, se não consegue desvelar a não ser como acontecimento singular, único e irrepetível, ainda que coberto por todos os véus que lhe dificultam o acesso, Rui Bertrand Romão capta com rigor e acerto, nesta sua incursão pelo juízo maquiaveliano da história, o sentido último das palavras que Maquiavel dirigiu um dia ao amigo Francesco Vettori: «Não me envergonho de falar com eles [os antigos] e de lhes perguntar a razão das suas acções».

Em «Maquiavelo e o proxecto político burgués», Manuel Anxo Fortes Torres brinda-nos com uma aproximação inusual ao pensamento político de Maquiavel. Na esteira de uma tradição analítica marxista – mormente naquela que colhe a sua inspiração nos trabalhos da «Teoria Crítica de Frankfurt» – e mediante uma abordagem de tipo gramsciano, o autor faz depender a compreensão do «realismo político» de Maquiavel – cujos princípios ele decompõe em imanência, autonomia da política, razão de Estado (ou bem da Pátria) e uniformização dos factos ou dados políticos – da constituição, nas cidades-estado italianas dos séculos XV e XVI, de uma ordem política burguesa então nasceste. Em apoio da sua tese – a qual, grosso modo, assimila o sucesso do maquiavelianismo nos alvores da modernidade ao êxito obtido por uma nova classe política de dirigentes na condução dos assuntos do Estado, a saber, a classe dos comerciantes e financeiros saídos da burguesia – Manuel Anxo Fortes Torres invoca o carácter técnico ou científico, na verdade instrumental, da política tal como esta é proposta por Maquiavel. De acordo com o autor, o secretário florentino jamais se pergunta pelo "quê" ou "para quê" da política, mas pelo "como", isto é, Maquiavel não procura fundamentar, mas descrever e explicar a *verità effettuale della cosa*. De mais a mais, o *pathos* científico deste "como" é indissociável do que Manuel Anxo Fortes Torres chama a nova noção de verdade que surge na época moderna: o «interesse». O «interesse» é aquele *leitmotiv* que atravessa e unifica, sob um mesmo regime de verdade, os discursos científico, económico e político nos primórdios da modernidade. Não espanta, pois, que todos os conflitos políticos sejam primordialmente conflitos de interesses em que uma nova classe social – a burguesia – apresenta o seu «interesse de classe» como o «interesse comum». Consequente com os pressupostos doutrinários e metodológicos de que parte, Manuel Anxo Fortes Torres conclui que o maquiavelianismo é a expressão de um «domínio de classe burguês» ou de uma «hegemonia da classe burguesa». Que os «limites da política maquiaveliana» sejam os «limites da política burguesa» é, pois, o necessário corolário da tese de Manuel Anxo Fortes Torres.

3. Agradecimentos

Quero agradecer aos colegas Juan Manuel Forte e Pedro Lomba, da Faculdade de Filosofia da Universidade Complutense de Madrid, o trabalho de revisão científica do texto e as suas oportunas sugestões, as quais contribuíram para a melhoria da obra que ora se apresenta ao público. Quanto às insuficiências que o leitor aqui vier a encontrar, essas são apenas da minha responsabilidade.

Maquiavelismo e anti-maquiavelismo na razão de Estado da Contra-Reforma

ANTÓNIO BENTO

ANTÓNIO BENTO é doutor pela Universidade da Beira Interior (UBI). É membro do Instituto de Filosofia Prática (IFP) e do Centro de Estudos Judaicos (CEJ), ambos funcionando na UBI. É membro do *editorial board* da revista *Machiavelli and Machiavellism* integrada no *Progetto Hypermachiavellism*. A sua investigação centra-se nas áreas da Teoria Política, da Filosofia Política e dos Estudos Judaicos. Publicou vários artigos em revistas científicas e em obras colectivas, nacionais e internacionais. Em colaboração com Rui Bertrand Romão, organizou e editou *Guerra, Filosofia e Política* (Covilhã, UBI, 2008).

Maquiavelismo e anti-maquiavelismo na razão de Estado da Contra-Reforma

ANTÓNIO BENTO

1. Maquiavelismo e tacitismo

Dir-se-ia que foi necessário esperar por 1559 – ano em que a Igreja, sob o comando de Paulo VI, condenou oficialmente *O Príncipe* de Maquiavel, incluindo-o no índice de livros proibidos – para que os autores católicos de «espelhos de príncipes» da Contra-Reforma se vissem na necessidade de ao alegado «maquiavelismo» de Maquiavel contraporem um assim chamado «tacitismo» – um «maquiavelismo» dito mitigado, temperado, envergonhado, melhor será dizer encoberto, mas não por isso um «maquiavelismo» menos racional e eficaz (casos de Scipione Ammirato e de Trajano Boccalini na Itália e de Baltasar Álamos de Barrientos e de Diego Saavedra Fajardo na Espanha). A fim de disfarçar uma certa má consciência que resultou de uma tão inexorável quanto não assumida rendição dos pensadores católicos ao «Corão dos cortesãos»[1], certos

---

[1] A expressão «Corão dos cortesãos» para designar *O Príncipe* foi cunhada pelo huguenote Innocent Gentillet que em 1576 fez publicar em

autores da Contra-Reforma resolveram recorrer ao historiador romano Tácito, atribuindo-lhe uma doutrina mais ou menos «maquiavélica» de modo a poderem passar ao lado do conspurcado e maldito nome de Maquiavel, mas não ao lado dos preceitos políticos por este recomendados, tornados agora necessários por imperiosas «razões de Estado». Este encobrimento de um famígero e odioso recurso a Maquiavel através da máscara convenientemente antiga e ambígua de um Tácito frequentemente «aforismado» esteve na origem de uma notável dissimulação ideológica que caracterizou grande parte da literatura política da segunda metade do século XVI e da primeira metade do século XVII.

Compreende-se: sempre que a opinião pública – após uma perturbação política profunda ou uma alteração radical de crenças como aquelas que Maquiavel corporizou para a cristandade ocidental – mostra sentir uma antipatia profunda pelas imagens que certas palavras evocam, o primeiro dever político de um escritor prudente é procurar mudar subtilmente o sentido dessas palavras e, consequentemente, mudar também o sentido das imagens que essas palavras evocam na mente do público. Cabe a este propósito recordar a oportuna observação de Gustave le Bon, segundo a qual «uma das funções mais importantes dos homens de Estado consiste em baptizar com nomes populares, ou pelo menos neutros, as coisas que, sob os nomes antigos, eram detestadas pelas multidões. O poder das palavras é tão forte que bastam alguns termos bem escolhidos para que as coisas mais odiosas sejam aceites»[2]. A contra-

---

Paris o seu *Discours sur les moyens de bien gouverner et soutenir en bonne paix un royaume ou autre principauté, contre Machiavel le florentin*. Neste seu panfleto, o advogado e teólogo protestante Gentillet acusa Maquiavel de «desprezo de Deus, perfídia, sodomia, tirania, crueldade, pilhagens, usuras estrangeiras e outros vícios detestáveis».

[2] Cf. Gustave Le Bon, *Psicologia das Multidões* [1895], tradução de Ivone Moura, Edições Roger Delraux, Porto, 1985, p. 107.

posição ou substituição do «tacitismo» ao «maquiavelismo» configura, sem dúvida, um destes casos. Na sua *Teoria del Estado en España del siglo XVII*, José Antonio Maravall interpreta o tacitismo espanhol da Contra-Reforma como uma racionalização do saber político que progressivamente mina a crença aristotélico-tomista numa harmonia entre o campo da fé e o campo da razão, fazendo depender a aceitação de um módico de empirismo político de um inevitável deslocamento do primeiro para o segundo. Assim, apesar de a Contra-Reforma promover na Espanha uma intensa renovação tomista na teologia, e de a escolástica aristotélico-tomista estar em pleno auge na Espanha do século XVII, o «tacitismo» formal de alguns autores espanhóis – no qual a letra do historiador romano dificilmente vela o espírito do secretário florentino – serve o propósito prático de tornar menos escandaloso aos olhos dos teóricos do catolicismo político da época barroca – mascarando-o de contra-reformista – o ensino «ímpio» e «herético» de Maquiavel. Tanto assim é que, na atmosfera política espanhola da Contra-Reforma, um tacitista ambíguo como Diego Saavedra Fajardo chega a «equiparar a redescoberta de Tácito à invenção da pólvora»[3].

Por que razão, afinal, de entre todos os historiadores da Antiguidade, é precisamente Caio Cornélio Tácito aquele que, por assim dizer, melhor serve de testa de ferro a uma política entendida mais segundo a razão do que conforme à fé? Como explicar a necessidade, ao mesmo tempo que o êxito, do assim chamado «tacitismo»? «A aceitação da política moderna» – considera Maravall – «revela-se claramente, enquanto política segundo a razão, na questão do tacitismo. Houve, sem dúvida, escritores que tentaram servir-se de Tácito para introduzir, encoberto desta forma, o maquiavelismo, e houve também outros que se

---

[3] Cf. Francisco Murillo Ferrol, *Saavedra Fajardo y la política del barroco* [1957], Centro de Estudios Constitucionales, Madrid, 1989, p. 139.

deram conta da tentativa e combateram Tácito, com o mesmo ardor que a Maquiavel, considerando-o como pai das ímpias seitas "políticas" do tempo. Mas outros, em contrapartida, serviram-se dele como expositor – que possuía, além disso, uma série de boas condições literárias – da realidade política tal como chega a conhecê-la a razão natural. Inegavelmente, também isso era coisa de Maquiavel, mas sem o perigo moral e até intelectual das doutrinas do último. [...] Mas quando este nome [Maquiavel] passa a ser reconhecido como execrável, o grupo de escritores a que nos referimos acode frequentemente a Tácito, e em menor escala a outros historiadores antigos e mesmo modernos, para descobrir nele a realidade política tal como ela é em si mesma, "in re ipsa"»[4].

De referir que os autores «tacitistas», oriundos, alguns, da Companhia de Jesus, não são, em primeira-mão, professores ou académicos, como seria talvez lícito esperar, mas funcionários políticos da Igreja consagrados ao mundo: pregadores, conselheiros, confessores. Em todo o caso, a ciência política contra-reformista quase nunca é obra daqueles que representam e praticam a ciência oficial das universidades, ainda demasiado ligada aos métodos escolásticos e a um aparato lógico-conceptual aristotélico-tomista que o laconismo da nova linguagem política e a absoluta ausência nela de qualquer referência jurídica ou filosófica tornam subitamente caducos.

Quem são, pois, estes escritores do século XVII, de acordo com o que eles próprios declaram no momento em que tornam públicos os seus títulos pessoais? «Em primeiro lugar» – observa Maravall – «funcionários em sentido amplo, servidores da organização estatal que expõem a sua experiência, secretários, advogados, regedores, auditores, embaixadores, peritos nos problemas da vida social, que

---

[4] Cf. José Antonio Maravall, *Teoria del Estado en España en el siglo XVII* [1944], Centro de Estudios Constitucionales, Madrid, 1997, pp. 378-379.

escrevem de política porque estão em relação com ela e a conhecem pela prática. E em segundo lugar são religiosos, homens da Igreja, não que professam cátedra, mas pregadores, conselheiros, confessores; isto é, dedicados ao mundo, a lutar nele, e a quem, portanto, não são estranhas as suas dificuldades. Não são teólogos, e o seu direito a intervir na política não se deduz dos seus conhecimentos teológicos ou filosóficos, nos quais a política, enquanto um dos três ramos da filosofia moral desde Aristóteles, entronque»[5].

O tacitismo político a que estes "funcionários" ou "profissionais" da governação dão corpo não é mais nem menos do que um oportuno recurso à autoridade de Tácito como substituto de um Maquiavel «sacrílego» e «imundo» e como pretexto para se poder falar do presente em clave realista. São estes homens que se dão conta da profunda inadequação ou do atraso fundamental da especulação escolástica medieval em matéria de ética quando confrontada com a nova realidade política que se impõe a partir do Renascimento. Realistas quanto baste, cedo se apercebem de que num mundo em que vigoram a astúcia e a fraude é impossível governar sem fazer algum uso de meios moralmente maus em si mesmos, já que todos, de um modo ou de outro, os empregam. Evitando incorrer nos extremos mais crus e abjectos do «maquiavelismo», cuja fama resulta por vezes de uma conveniente «maquiavelização» cristã de Maquiavel mais do que da própria obra de Maquiavel, estes funcionários governamentais do catolicismo político contra-reformista procuram, à sua maneira, submeter a verdade e a religião à conveniência política do tempo, fundando, se necessário, a política no engano e na malícia e mascarando a mentira com o disfarce da verdade, num esforço desesperado de acomodação da moral cristã a esse novo imperativo político a que se chama «razão de Estado». Como observa Michel Senellart, os teóricos da

---

[5] Cf. José Antonio Maravall, *Ibidem*, p. 30.

Contra-Reforma viram-se na situação de terem que conciliar duas exigências incompatíveis: uma política – o Estado, se quer manter-se, deve tender ao máximo de potência – e outra eclesiástica – o poder do Estado não deve ser tal que não possa conceber-se uma autoridade (a da Igreja) que lhe seja superior[6].

O que isto significa é que, sendo a influência tacitista na Contra-Reforma tão esparsa quanto camuflada, se torna extremamente difícil deslindar o que separa e o que mantém, afinal, juntos o «tacitismo» e o «maquiavelismo». Como, a propósito, observa José A. Fernandez-Santamaría, «o certo é que na realidade do pensamento político espanhol do Barroco – dada a ausência de uma corrente inequivocamente maquiavélica que possa servir como cânone, e a impossibilidade de conhecer com toda a precisão como a época interpreta tanto Maquiavel como Tácito – é difícil dizer com certeza absoluta quem é tacitista de pura cepa e quem é "maquiavelista dissimulado"»[7].

Tácito, pois, ou os infortúnios da virtude em Maquiavel.

Enquanto denominador comum do «anti-maquiavelismo» daqueles tempos, a máxima política do «tacitismo» pode talvez entrever-se na ideia segundo a qual os preceitos de Maquiavel se aplicam, mas não se declaram, ou seja, certas coisas fazem-se, mas não se dizem – e menos ainda se hão-de verter em letra impressa para que possam ser divulgados e ensinados. A verdade, porém, como observa Gabriel Naudé, é que «embora os escritos de Maquiavel se encontrem proibidos, a sua doutrina não deixa todavia de ser praticada por esses mesmos que a censuram e proí-

---

[6] Cf. Michel Senellart, "La raison d'État antimachiavélienne", in Christian Lazzeri et Dominique Reynié (eds.), *La raison d'État. Politique et rationalité*, PUF, Paris, 1992, p. 38.

[7] Cf. José A. Fernandez-Santamaría, *Razón de Estado y política en el pensamiento español del barroco (1595-1640)*, Centro de Estudios Constitucionales, Madrid, 1986, p. 163.

bem»[8]. Dir-se-ia até que quanto mais indignadamente renegam o seu nome tanto mais acolhem os seus ensinamentos e levam à prática as suas instruções, como se a contrapartida de uma excessiva «maquiavelização» da política prática contra-reformista obrigasse a um «anti-maquiavelismo» demasiadamente expresso nos livros de teoria política do barroco.

Como quer que seja, «maquiavelismos», há com certeza muitos, de acordo com as épocas da história e com os combates políticos que as enformam. No século XVII, «século de pólvora e teologia», existiriam decerto o «maquiavelismo» de Maquiavel, o «maquiavelismo» dos «maquiavelistas» e o «maquiavelismo» dos «anti-maquiavelistas». Se aceitarmos a formulação de que o «maquiavelismo» dos «anti-maquiavelistas» é o «maquiavelismo» tanto dos discípulos como dos inimigos de Maquiavel, então talvez nos tenhamos aproximado da razão de ser do «tacitismo»: se os «tacitistas» são «temperadores» ou «mitigadores» do «maquiavelismo» não é porque Maquiavel tenha errado nas suas descrições da «arte de governar», mas porque tudo o que Maquiavel escreveu "faz-se, mas não se diz", ou antes, só se pode fazer precisamente na medida em que não se diz que se faz nem se explica nem se sistematiza de maneira crítica isso – o mal – que se faz e o modo como se o faz.

A propósito do carácter semanticamente flutuante e politicamente estratégico do termo «maquiavelismo», recordem-se, aqui, as palavras certeiras de Carl Schmitt em *O conceito do político*: «Todos os conceitos, representações e palavras políticas têm um sentido *polémico*; visam um antagonismo concreto e estão ligados a uma situação concreta

---

[8] Cf. Gabriel Naudé, *Considérations politiques sur les coups d'État* [1639], édition établie par Frédérique Marin et Marie-Odile Perulli, précédée de *Gabriel Naudé*, par Sainte-Beuve (édition de Maxime Leroy) et suivie par *Naudaena* (texte établi par Lionel Leforestier), Le Promeneur, Paris, 2004, pp. 107-108.

cuja última consequência é um agrupamento amigo-inimigo (que se manifesta na guerra ou na revolução) e transformam-se em abstracções vazias e fantasmagóricas quando esta situação deixa de vigorar»[9].

Ora, uma dessas situações políticas concretas que permitem discriminar o amigo do inimigo, foi, sem dúvida, o ambiente de fervorosa e militante religiosidade nascido das lutas confessionais na Europa, em cujo contexto decorre a "invenção" da doutrina da «boa» ou «verdadeira» razão de Estado. Com efeito, na atmosfera política da Contra-Reforma, a uniformidade confessional do Estado não exige menos uma racionalização efectiva do Estado e da «arte de governar» do que uma justificação ético-teológica da acção do príncipe. Para os «tacitistas», portanto, trata-se sobretudo de conciliar os imperativos da «arte de governar» com uma fundamentação religiosa e uma justificação ética do exercício cristão do poder. Daí os equívocos e as armadilhas que se estendem ao entendimento do historiador das ideias políticas sempre que os inimigos políticos, numa época profundamente marcada pelas guerras de religião, mutuamente se acusam de «maquiavelismo». Como observa Claude Lefort: «Enquanto em França o maquiavelismo é principalmente o símbolo de uma política de intolerância, cujo objectivo é sujeitar a religião ao serviço do governo, em Espanha ele associa-se aos partidários da tolerância, àqueles que são acusados de arruinar a unidade religiosa, com o fim único de assegurar o poder do Estado. Enquanto aos olhos dos jesuítas o maquiavelismo é o breviário da Reforma, para os protestantes ele confunde-se com o jesuitismo»[10].

---

[9] Cf. Carl Schmitt, *Der Begriff des Politischen. Text von 1932 mit einem Vorwort und drei Corollarien*, Duncker & Humblot, Berlin, 1996, p. 31.

[10] Cf. Claude Lefort, *Le travail de l'œuvre Machiavel*, Gallimard, Paris, 1972, p. 79.

Mas, qual é, afinal, a verdadeira origem do anti-maquiavelismo da Contra-Reforma? Será um mero efeito doutrinário do Concílio de Trento? Ter-se-ia espalhado na Itália em virtude da influência que os debates franceses gerados nas guerras de religião tiveram no outro lado dos Alpes? Ou estará antes ligado ao «tacitismo» e à divulgação de uma profusa literatura sobre a – «boa» e «má» – razão de Estado de que os comentadores de Tácito foram historicamente um oportuno e ambíguo veículo? Como já foi observado, os «anti-maquiavelismos» serão tantos quantos os potenciais inimigos modernos de Maquiavel: anglicanismo ou protestantismo; jesuitismo ou galicanismo; tacitismo, cepticismo, fideísmo, ateísmo, etc. Cada uma destas seitas ou ideologias acusou as outras ou foi por elas acusada de «maquiavelismo». A verdade é que, como observa Thomas Berns, «nenhuma se reivindicou do maquiavelismo, de tal modo que este inimigo comum e fugidio a que Maquiavel deu o seu nome parece ser o grande ausente do debate»[11].

Facto é que, por razões tanto históricas quanto políticas, os distintos anti-maquiavelismos estão longe de se poderem equivaler, não apresentando a identidade do inimigo político um sentido unívoco e estável, o que significa que não é sempre nem exactamente o mesmo Maquiavel aquele que, em cada momento, eles alegam combater. Há, pois, anti-maquiavelismos e anti-maquiavelismos... cada qual com as suas razões históricas próprias e a sua especificidade política.

Assim, as razões do anti-maquiavelismo francês, como oportunamente refere Federico Chabod, são completamente distintas das razões do anti-maquiavelismo dos escritores católicos da Contra-Reforma. Com efeito, ao ver-se

---

[11] Cf. Thomas Berns, "L'antimachiavélisme de Machiavel ou l'indétermination assumée de la loi", in *L'antimachiavélisme de la Renaissance aux Lumières*, Éditions de l'Université de Bruxelles, Institut d'étude des religions et de la laïcité, Bruxelles, 1997, p. 31.

rapidamente disseminada por toda a Europa, a concepção maquiaveliana da política deparou-se com condições sociais, políticas e religiosas substancialmente diferentes daquelas que tinham estado na sua origem. De facto, ao ser transposta para nações nas quais o desenvolvimento histórico havia sido substancialmente distinto do daquela parte da Europa de que o «maquiavelismo» era a expressão e o polémico resumo, a doutrina de Maquiavel entrou necessariamente em conflito com as ideias que aí germinavam. Entre essas diferenças – que impediam um transplante bem sucedido de Maquiavel para o solo francês – cabe destacar o carácter religioso, quase sacerdotal da monarquia francesa e o diferente valor moral que o Estado – forte e centralizador – aí assume face ao principado proposto por Maquiavel: «Tudo o que de excessivamente particular e determinado pudesse ter a figura do príncipe italiano, não existia na força mística da antiga *royauté* de França; a virtude do *condottiero* perdia a sua forma abruptamente individual para se revestir da glória de uma longa tradição, sempre viva e poderosa»[12]. E apesar de parte do pensamento político de Maquiavel se prestar facilmente a ser adoptado pelos *politiques* franceses, designadamente no que diz respeito ao apelo à unidade nacional e ao sentimento patriótico, a verdade é que a seriedade e a severidade das convicções religiosas dos franceses, aliadas, por um lado, aos resíduos medievais próprios da sua monarquia e, por outro, à afirmação de uma vigorosa burguesia nacional que via na monarquia o seu principal aliado, impediam a assimilação e a aceitação, sem mais, do pensamento de Maquiavel. A somar a isto, há que referir o antigo e persistente ódio nacional do povo francês aos italianos e a fama – de avareza e de opressão fiscal – de que os italianos, em geral, e a corte de Catarina de Médicis, em particular, gozavam.

---

[12] Cf. Federico Chabod, *Escritos sobre Maquiavelo* [1964], Fondo de Cultura Económica, México, 2005, p. 124.

É, pois, no contexto teológico, político e económico de um inultrapassável ressentimento dos huguenotes contra os banqueiros e os cortesãos da corte de Catarina de Médicis que devem ser analisadas as acusações, por aqueles lançadas a Maquiavel e aos «maquiavélicos», de «ateísmo», «irreligiosidade» e «perfídia». Como observa Federico Chabod, foi precisamente nesse contexto histórico de intensa luta política que a obra do secretário florentino perdeu o seu carácter de criação espiritual própria do Renascimento italiano para se ver decomposta, e desse modo simplificadamente reduzida, a um mero compêndio de preceitos e de máximas sobre a «arte de tiranizar», de que a odiosa figura do duque Valentino era a síntese e o repugnante emblema[13].

Quanto ao anti-maquiavelismo dos escritores católicos contra-reformistas, como já foi referido, deve sublinhar-se que não apenas eles aceitaram os preceitos maquiavelistas mais comuns como conscientemente acolheram, sob fórmulas tão bizarras quanto elegantes, os mais ousados e «heréticos» dos axiomas do florentino, desse modo conciliando o diabo ou «órgão de Satanás» (um dos cognomes de Maquiavel) com a água benta (os mandamentos católico-apostólico-romanos)[14]. Para aplacarem os even-

---

[13] Cf. Federico Chabot, *Ibidem*, pp. 132-133.

[14] Daí a frequente assimilação do "jesuitismo" ao "maquiavelismo" que, entre nós, portugueses, um autor como António Sérgio equacionou do seguinte modo nos seus *Diálogos de Doutrina Democrática* [1933], uma glosa satírica das entrevistas de António Ferro a António de Oliveira Salazar vindas a lume nesse mesmo ano: «Um dia, num palácio dos arredores da cidade de Milão, a princesa italiana que nele morava mostrou-me um crucifixo de lavor artístico, obra italiana do Renascimento. Admirei. "Agora", disse-me a dona, "puxe pela parte superior da cruz." Puxei. Cedeu. Brilhou uma lâmina. Era um punhal com a forma exterior de um crucifixo. Aí tens a imagem da perversão da mente a que eu dou o nome de "jesuitismo". A religião exterior e o mal interior; a política a destruir a ética; a ordem aparente a corromper o espírito, a coerência íntima; a verdade sacrificada a um efeito sensível». Cf. António Sérgio, "Democracia", in *Obras Completas*, Livraria Sá da Costa Editora, Lisboa, 1974, p. 55.

tuais escrúpulos ou pruridos de consciência que poderiam advir de uma assumpção demasiado expedita dos ditames e imperativos da razão de Estado, os escritores de «espelhos de príncipes» da Contra-Reforma aconselhavam o recurso – tal era a recomendação do jesuíta espanhol Pedro de Rivadeneira – aos pareceres do «conselho de consciência», um órgão de apoio às decisões do monarca que relegava para segundo plano o próprio «conselho de Estado». Nesse «conselho de consciência» tinham assento os mais agudos dos doutores em teologia e justiça canónica, os *intercessores*, e era a eles que, naqueles casos difíceis em que a sublimidade da teologia soçobrava diante o peso da necessidade, incumbia o encargo de restaurar a imaculada boa consciência do príncipe.

Apesar de seguirem e de praticarem com um rigor de zelotas todos os ditames da razão de Estado e de admitirem a autonomia da acção política face a um código moral cristão entretanto tornado inoperante, os teóricos contra--reformistas do Estado negavam obstinadamente em teoria o que na prática avidamente acolhiam. Faziam-no, contudo, com uma mal disfarçada hipocrisia, e a defesa ambígua de soluções políticas fortes mediante subtis distinções casuísticas que oportunamente salvassem a licitude da mentira, da fraude e da crueldade vinha neles acompanhada de um espírito mesquinho e sentimental, muito distinto da frescura original de Maquiavel. Como observa Federico Chabod a propósito de Giovanni Botero, um dos mais destacados representantes da teoria política contra-reformista: «Bem podia Botero, um dos máximos corifeus da publicística católica dos tempos da Contra-Reforma, afirmar na dedicatória da sua *Ragion di Stato* o seu propósito de restituir à consciência a sua "jurisdição universal": na hora da verdade, quando teve que definir o que era a política, limitou-se a falar de meios "aptos" para fundar ou conservar um domínio, sem precisar a relação que esses meios deveriam manter com a lei moral; pelo contrário, depois de reconhecer que o "interesse" é a alma e o mestre de cerimónias do mundo, indicou preceitos mínimos, nos quais a política de Maquiavel triunfava, com uma mesquinhez de acento e um empobrecimento da paixão que, verdadeiramente, faziam da nova obra um receituário de máximas *ad usum regis*»[15].

O primeiro anti-maquiavelismo – se é que assim univocamente podemos chamar quer às reacções dos huguenotes contra a política de Catarina de Médicis quer à ortodoxia católica que resulta do Concílio de Trento – toma, deste modo, uma caminho duplo e, até um certo ponto, divergente. Porém, como observa Chabot, «os anti-maquiavelistas de Itália e de França voltavam-se uns contra os outros e, enquanto injuriavam o codificador da tirania, não deixavam de acertar contas entre si»[16].

Na realidade, nenhum dos autores de que temos vindo a tratar é, propriamente, «anti-maquiavélico». Todos eles são homens políticos experientes que exprimem as exigências da sua época e os programas dos seus partidos em condições de operacionalidade distintas daquelas em que Maquiavel foi chamado a intervir. O jesuíta Pedro de Rivadeneira, no seu *Tratado de la religión y virtudes que debe tener el Príncipe Cristiano, para gobernar y conservar sus estados, contra lo que Nicolás Maquiavelo e sus secuaces enseñam* [1595], aplacando com requintada elegância o ferrão do escrúpulo moral cristão, enumera alguns daqueles casos em que o príncipe cristão pode moderadamente servir-se da dissimulação e da mentira: «Não é mentira, quando a necessidade ou utilidade grande o pede, dizer algumas palavras verdadeiras num sentido, ainda que acredite o que as diz que o que as ouve, por serem equívocas, as poderá tomar em

---

[15] Cf. Federico Chabod, *Escritos sobre Maquiavelo* [1964], Fondo de Cultura Económica, México, 2005, p. 238.

[16] Cf. Federico Chabod, *Escritos sobre Maquiavelo* [1964], Fondo de Cultura Económica, México, 2005, pp. 140-141.

diferente sentido [...]. Desta simulação se deve usar apenas quando o pede a necessidade [...], e com a sua dose e medida, e combinada com as leis de cristandade e prudência»[17].

Diego Saavedra Fajardo, por seu turno, entende que o príncipe cristão, rejeitando embora o embuste directo, deve poder praticar licitamente a – pouco cristã – virtude política da dissimulação, sempre que, para defesa e conservação do seu próprio Estado, a situação o exija. Para Fajardo, o príncipe deve adaptar ou acomodar a sua prudência a uma realidade hostil feita de malícia e de mendacidade. A própria dupla adjectivação que consta do título daquela que foi a sua obra mais lida e comentada, *Ideia de um príncipe político cristão. Representada em cem Empresas* [1640], nos remete para a oportuna distinção entre as esferas opostas de uma prudência ou virtude comum (natural, verdadeira, cristã) e uma prudência de Estado (fingida, política, maquiavélica). Em teoria, a prudência deve ser verdadeira prudência e não aparente; deve ser cristã e não política; deve ser uma virtude sólida e não simulada e enganosa. Contudo, como filomaquiavelista críptico que é, à semelhança, aliás, dos tacitistas em geral, Fajardo tende, na prática, a identificar a prudência com a astúcia, o que abre, sempre que a necessidade o impõe, o caminho para a licitude da própria mentira, desmanchando-se, deste modo, o preceito que vincula ou obriga o príncipe cristão à veracidade. Por outro lado, a graduação tacitista dos casos de mentira e engano em leves, médios e graves, aconselhando-se o primeiro, tolerando-se o segundo e recusando-se sempre o último... a não ser em caso de *extrema necessidade,* não apenas comprova a tendência para uma racionalização e flexibilização das virtudes cristãs, como confirma o primado – ainda que frequentemente dependente de

---

[17] Citado por Federico Chabod, *Escritos sobre Maquiavelo* [1964], Fondo de Cultura Económica, México, 2005, p. 137.

contorcidas justificações casuísticas – da virtude política (postiça e diabólica) sobre a virtude cristã (natural e divina). O que isto significa é que ao «príncipe político cristão» já não basta ser simplesmente bom; necessita de o saber ser e, o que é mais, de o parecer. A sua bondade deve poder agora contar com uma ciência aplicada, ou antes, com uma técnica política que a enquadre e a dê a ver. Deste modo, uma vez invocada a *necessidade* e a *justa causa*, pode o príncipe cristão dissimular, fingir, ocultar, não dizer toda a verdade, omiti-la ou dizer apenas uma parte dela, quer por palavras quer por actos, protegido e justificado que está pela reserva mental que o assiste. Neste ponto, importa ter presente o modo como os autores da «razão de Estado católica» receberam e adoptaram a máxima de Estado que Gabriel Naudé imputa ao governo do «mais sábio e avisado» dos reis franceses, Louis XI: «*qui nescit dissimulare nescit regnare*» – uma oportuna máxima de governo que os «tacitistas», num difícil exercício de equilíbrio entre as exigências da ética cristã e os imperativos da conservação do Estado, jamais puderam enjeitar.

Mas de onde vem e como explicar um tão profundo ódio e um tão longo e persistente rancor que os autores contra-reformistas devotam a Maquiavel e ao «maquiavelismo», quando, cumprindo com zelo os preceitos da «razão de Estado católica», acolhem sem rebuço os ensinamentos do secretário florentino?

Afinal, bem vistas as coisas, não teria sido o próprio Maquiavel – de acordo com uma tradição republicana, liberal, romântica, e até marxista, de interpretação do seu pensamento – muito pouco «maquiavélico», um daqueles instrutores de príncipes que conhecem o jogo político do Estado e que integralmente o ensinam, ao passo que o «maquiavelismo» vulgar, esse sim, ensinaria a fazer outra coisa? Tal é já a opinião do prudente Espinosa, para quem «talvez Maquiavel quisesse mostrar quanto uma multidão livre deve ter medo de confiar a sua defesa a um só, o qual, se não for vaidoso nem julgar que pode agradar a todos, tem de temer revoltas todos os dias, sendo por isso obrigado a precaver-se e a atraiçoar a multidão em vez de a governar»[18]. Em idêntico sentido se pronunciou o calvinista Jean-Jacques Rousseau: «Fazendo crer que dava lições aos reis, dava-as bem grandes aos povos. *O Príncipe* de Maquiavel é o livro dos republicanos»[19].

Numa elucidativa nota que acrescentou à versão do *Contrato social* de 1772, observa ainda Rousseau, a propósito de *O Príncipe* de Maquiavel, o seguinte: «Maquiavel era um homem honesto e um bom cidadão. Mas, atado à missão dos Médicis, viu-se forçado, na opressão da sua pátria, a mascarar o seu amor à liberdade. Já a escolha do seu execrável herói [César Bórgia] manifesta bem a sua intenção secreta; e a oposição das máximas do seu livro do *Príncipe* às dos seus *Discursos sobre Tito Lívio* e às da sua *História de Florença* demonstra que este político profundo não teve até agora senão leitores superficiais ou corrompidos. A corte de Roma proibiu severamente o seu livro, segundo penso; é ela que ele mais claramente descreve»[20]. Em pleno Iluminismo, numa época em que uma afectada expressão pública de uma repugnância pela política fez escola, no artigo «Maquiavelismo» da *Encyclopédie* (t. IX, Neuchâtel, 1765, p. 793), Diderot dá, também ele, pouco mais ou menos, uma interpretação semelhante de *O Príncipe*: «Quando Maquiavel escreveu o seu tratado do príncipe, é como se ele tivesse dito aos seus concidadãos, lede

---

[18] Cf. Espinosa, *Tratado político* [1677], tradução do latim, introdução e notas de Diogo Pires Aurélio, Círculo de Leitores/Temas e Debates, Lisboa, 2008, cap. V, p. 114.

[19] Cf. Jean-Jacques Rousseau, "Du contrat social" [1762], livre III, chap. VI, in *Œuvres complètes*, Éditions Gallimard, Paris, 1964, p. 409.

[20] Cf. Jean-Jacques Rousseau, "Du contrat social" [1772], livre III, chap. VI, in *Œuvres complètes*, Éditions Gallimard, Paris, 1964, p. 1480.

bem esta obra. Se um dia aceitardes um senhor, ele será tal como eu vo-lo pinto: eis o animal feroz ao qual vos abandonareis»[21].

Quanto ao ódio que os seus contemporâneos destilaram sobre Maquiavel, apresentara-o já Trajano Boccalini, na primeira década de seiscentos, nos seguintes termos: «Os inimigos de Maquiavel consideram-no homem digno de punição porque revelou como os príncipes governam e, assim, instruiu o povo; "colocou dentes de cães nas ovelhas", destruiu os mitos do poder, o prestígio da autoridade, tornou mais difícil governar, porque os governados podem saber a este respeito tanto quanto os governantes»[22].

Não foi, porém, esta benigna interpretação que os autores da teoria política católica da Contra-Reforma colheram nos escritos de Maquiavel, nem a alegada admiração do secretário florentino pelos ideais republicanos da Roma antiga suscitou alguma vez neles simpatia ou simplesmente respeito. Àquela visão benevolente atrás referida, preferiram a visão mais comum e mais antiga de Maquiavel, uma visão segundo a qual «Maquiavel é um homem inspirado pelo Demónio, para arrastar os homens bons à perdição, o grande subversor, o mestre do mal, *le docteur de la scélératesse*, o inspirador do Massacre de São Bartolomeu, o modelo de Iago. É o "sanguinário Maquiavel" das famosas quatrocentas e tal referências da literatura isabelina. O seu nome acrescenta um novo ingrediente à figura mais antiga do *Old Nick* (O Diabo). Para os jesuítas, ele é "sócio do diabo nos crimes", um escritor infame e um céptico, e

---

[21] *Apud* Jean-Jacques Rousseau, "Du contrat social", III, VI, in *Œuvres complètes*, Éditions Gallimard, Paris, 1964, p. 1481.

[22] Cf. Trajano Boccalini, *Ragguagli del Parnaso* [1610], citado por Antonio Gramsci em "Maquiavel. Notas sobre o Estado e a política", in *Cadernos do Cárcere* [1934], vol. 3, edição de Carlos Nelson Coutinho, com Luiz Sérgio Henriques e Marco Aurélio Nogueira, Editora Civilização Brasileira, Rio de Janeiro, 2007, p. 306.

O Príncipe é, nas palavras de Bertrand Russell, "um manual para gangsters".[23]

Do ponto de vista político que enforma a visão dos funcionários governamentais da Contra-Reforma, o «maquiavelismo», depositário de toda a sorte de iniquidades e malfeitorias, era a incarnação da imoralidade em política, uma incarnação de tal maneira forte que, como refere Claude Lefort, «sugere a identificação da política com a imoralidade».[24] Mais: tendo em conta que a malignidade e a "tentação" do «maquiavelismo» é a malignidade e a "tentação" de obter o sucesso e o poder por meio do mal, «o maquiavelismo é o nome dado à política na medida em que ela é o mal».[25]

Com efeito, os termos «maquiavelismo» e «maquiavélico» impuseram-se no imaginário político moderno europeu como sinónimos de uma acção política baseada na fraude, na violência e na impiedade. Pierre Bayle, na entrada «Maquiavel» do seu *Dictionnaire historique et critique* (1697), faz-se portador da opinião reinante segundo a qual o ensino do secretário florentino possui um carácter «cínico», «irreligioso», «blasfemo», «demoníaco»: «O público está persuadido de que o maquiavelismo e a arte de reinar tiranicamente são termos de igual significação».[26] Um século mais tarde, Touissant Guiraudet escrevia o seguinte num prefácio às *Œuvres de Machiavel*: «O nome de Maquiavel parece consagrado em todos os idiomas a recordar ou mesmo a exprimir todos os desvios e as prevaricações da política mais astuciosa e mais criminosa. A maior parte de todos os que o pronunciaram, como a todas as

---

[23] Cf. Isaiah Berlin, "A originalidade de Maquiavel" [1972], in *A apoteose da vontade romântica*, Editorial Bizâncio, Lisboa, 1999, p. 53.

[24] Cf. Claude Lefort, *Le travail de l'œuvre Machiavel*, Gallimard, Paris, 1972, p. 78.

[25] Cf. Claude Lefort, *Ibidem*, p. 77.

[26] Cf. Pierre Bayle, "Machiavel", in http://gallica.bnf.fr/ark:/12148/bpt6k50432q/f1

outras palavras de uma língua, antes de saberem o que ele significa e de onde deriva... deve ter acreditado que era o nome de um tirano»[27]. No Portugal de oitocentos, um autor da estatura de Alexandre Herculano, consciente da reputação de Maquiavel como «professor do mal», observa, contristado, o seguinte: «A palavra *maquiavelismo* é usada em todas as línguas da moderna Europa para indicar uma política insidiosa, e iníqua, ou uma velhacaria, e intriga artificiosa. Deriva do nome de Maquiavel por uma dessas injustiças que se transmitem por tradição, e que a maioria acredita sem averiguar seus fundamentos. Segundo a acepção da palavra *maquiavelismo*, os pouco vistos na história assentarão que Maquiavel era um perverso: para reabilitar sua memória entre os que assim ajuizarem, escreveremos aqui uma sucinta biografia deste político célebre»[28]. Já nos anos 40 do século XX, Jacques Maritain, reactualizando sob a forma de um tolerante humanismo cristão os velhos argumentos dos autores católicos da Contra-Reforma contra Maquiavel, insiste na «perversidade» do secretário florentino ao sublinhar que ele ensinou os homens não apenas a fazer o mal, mas a fazê-lo de consciência tranquila: «O que era simples *facto*, com toda a fraqueza e inconsistência que, mesmo no mal, é própria das coisas acidentais e contingentes, depois de Maquiavel ficou sendo *direito*, com a toda a firmeza e solidez próprias das coisas necessárias [...]. Esta é a perversão maquiavélica da política, que emerge do facto da "tomada de consciência" maquiavélica do comportamento político médio da humanidade. A responsabilidade histórica de Maquiavel é a de ter *aceitado*, reconhecido e adoptado como regra o facto da imoralidade política, e de ter declarado que a boa política, a política conforme

---

[27] Citado por Claude Lefort in *Le travail de l'œuvre Machiavel*, Gallimard, Paris, 1972, p. 73.

[28] Cf. Alexandre Herculano, "Maquiavel", in *O Panorama. Jornal Literário e Instrutivo da Sociedade Propagadora dos Conhecimentos Úteis*, 1837, volume primeiro, pp. 244-245.

à sua natureza e aos seus autênticos fins, é, por essência, uma política não moral»[29]. Mais próximo de nós no tempo, um autor da envergadura de Leo Strauss chama a atenção para o carácter violentamente anticristão da doutrina de Maquiavel, para a sua moralidade diabólica e sem escrúpulos. Maquiavel teria sido um ateu consciente empenhado em subverter e destruir o cristianismo. Maquiavel teria sido o primeiro filósofo político moderno, alguém que tendo iniciado a revolução contra a tradição do pensamento político ocidental, iniciaria também o declínio da própria civilização ocidental. Segundo Leo Strauss – *machiavellior Machiavello* –, Maquiavel teria sido muito mais «maquiavélico» do que alguém alguma vez pode ter imaginado: «Não escandalizaremos ninguém, apenas nos exporemos ao ridículo amável ou em todo o caso inofensivo, se nos declaramos inclinados para a opinião antiquada e simples segundo a qual Maquiavel era um mestre do mal»[30]. Finalmente, Federico Chabod mostra como todos nós, mesmo antes de havermos lido, quanto mais estudado, as obras de Maquiavel, usamos, sem hesitações de qualquer espécie, o termo «maquiavelismo»: «É como se Maquiavel tivesse criado não a teoria da política, mas a própria política, sem mais; como se, antes dele, os monarcas tivessem sido todos eles candura, bondade e boa fé, e apenas de Maquiavel houvessem aprendido a reger o Estado com meios que não fossem os pais-nossos»[31]. Tamanho é, enfim, o poder de sugestão da expressão «maquiavelismo» que houve mesmo quem pretendesse traçar uma história do «maquiavelismo anterior a Maquiavel» ou de um «maquiavelismo perpétuo e universal», dando assim razão aos que pensam que o «mito do

---

[29] Cf. Jacques Maritain, "O fim do maquiavelismo" [1942], in *Princípios de uma política humanista*, Livraria Morais Editora, Lisboa, 1960, p. 198.

[30] Cf. Leo Strauss, *Thoughts on Machiavelli*, The University of Chicago Press, 1958, p. 9.

[31] Cf. Federico Chabod, *Escritos sobre Maquiavelo* [1964], Fondo de Cultura Económica, México, 2005, p. 236.

maquiavelismo» traz consigo não apenas uma identificação da política com a perversidade, mas a acusação implícita de que a perversidade política absorve e resume em si mesma toda e qualquer forma de perversidade que o homem possa conhecer ou praticar.

O que isto significa é que a influência política de Maquiavel, a despeito de um desprezo e de um ódio imensos, jamais deixou de se sentir, antes ganhou mais e mais terreno, e, como de certa maneira não poderia deixar de acontecer, preferencialmente no próprio seio daqueles que se declaravam seus inimigos políticos. Com efeito, foram principalmente os seus inimigos políticos mais resolutos e radicais que contribuíram para fortalecer o interesse na sua pessoa e desencadear uma obsessiva curiosidade pela sua obra, ao ponto de a abominação e a diabolização do nome Maquiavel ser acompanhada por um estranho sortilégio que não raras vezes se traduziu numa admiração e fascínio compulsivos. Numa palavra, a reputação e a influência de Maquiavel atingiram um ponto tal que se foi tornando cada vez mais difícil encontrar qualquer diferença significativa entre os admiradores e seguidores de Maquiavel e os seus detractores e inimigos. Pode, aliás, admitir-se que é na paradoxal aliança de uns e de outros que hão-de ser buscadas as razões remotas da crescente fortuna do «maquiavelismo» no pensamento político moderno. O «maquiavelismo», enfim, sobrevivera a Maquiavel. E se Maquiavel morrera, os fantasmas associados à sua teoria política haveriam de regressar abruptamente em todas as suas novas reencarnações. Exemplo do que se acaba de dizer é o modo como, em 1589, Christopher Marlowe, no prólogo de *O Judeu de Malta*, apresenta o secretário florentino:

> *Apesar de o mundo pensar que Maquiavel morreu,*
> *Foi tão-só a sua alma que voou para além dos Alpes;*
> *E agora, que o Guise morreu, veio de França,*
> *Para ver estas terras, e folgar com os amigos.*

Para alguns o meu nome é, se calhar, odioso,
Mas, vós, os que me amais, livrai-me das suas línguas;
E fazei-lhes saber que eu sou Maquiavel,
Que não julgo os homens, nem, portanto, as palavras que estes dizem.
Muito me espantam aqueles que tanto me odeiam.
E se alguns falam abertamente contra os meus livros,
Hão-de, ainda assim, ler-me, e desse modo chegar
À cadeira de Pedro; e mesmo quando me põem de parte,
São envenenados pelos imitadores que não me largam[32].

2. Anti-maquiavelismo e «boa» ou «verdadeira» razão de Estado

Em pleno século XVII, foi a um dos jesuítas mais engenhosos do mundo católico europeu, o «conceptista» espanhol Baltasar Gracián, que coube a formulação da «má» razão de Estado ou «razão de Estado maquiavélica» como «razão de estábulo». A força de repúdio moral contida na expressão «razão de estábulo» sugere bem até que ponto a conexão semântica e política entre «maquiavelismo» e «má» ou «falsa» ou «diabólica» razão de Estado é uma constante no léxico político barroco da Contra-Reforma: «Quem pensas tu que é este valente embusteiro? Este é um falso político chamado o Maquiavel, que quer dar a beber os seus aforismos aos ignorantes. Não vês como eles os tragam, parecendo-lhes mui plausíveis e verdadeiros? E bem examinados não são senão uma confeitada imundície de vícios e de pecados: razões, não de Estado, mas de estábulo. Parece que tem candidez em seus lábios, pureza na sua língua, e arroja fogo infernal, que abrasa os costumes e queima as repúblicas»[33].

---

[32] Cf. Christopher Marlowe, *The Jew of Malta* [1589], in http://www2.prestel.co.uk/rey/jew.htm.

[33] Cf. Baltasar Gracián, *El Criticón* [1651-1657], Primera Parte, Biblioteca Castro, Edición Turner Libros, Madrid, 1993, pp. 100-101.

Mas, o que caracteriza, ao certo, o termo «razão de Estado» durante o período que vai de 1560 até bem depois do fim da Guerra dos Trinta Anos? É bem verdade que o que se poderia chamar teoria "clássica" da razão de Estado conhece *grosso modo* o seu auge na época da Contra--Reforma. Não foi Maquiavel, sabemo-lo, quem legou à posteridade a expressão «razão de Estado». E, no entanto, de uma maneira ou de outra, todas as páginas da sua obra ressumam o problema da «razão de Estado», ou cingem, com o laço da necessidade e o selo da autoridade, essa novíssima expressão. Por conseguinte, antes mesmo de irmos mais longe, se a expressão «razão de Estado» é, pelo que sabemos, nova, podemos fundadamente perguntar se é também nova a situação política que ela descreve ou refere. E se é verdade que foi necessário cunhar uma nova expressão no léxico político, então é legítimo suspeitar que se isso sucedeu foi porque surgiu entretanto um fenómeno novo na realidade histórica, para o qual ainda se não dispunha de um nome adequado. E se, de facto, esta novíssima expressão adquire em poucos anos uma excepcional notoriedade, sendo objecto de uma apaixonada disputa política, é porque a realidade que ela inicialmente capturou ganhou ela mesma um peso e uma vigência histórica indesmentíveis.

Como observou Marcel Gauchet, o discurso sobre a razão de Estado é um discurso reactivo, associado que está ao repúdio do nome Maquiavel e a uma doutrina política a que os seus adversários chamam «maquiavelismo»: «O discurso *sobre* a razão de Estado, sabemo-lo, é um discurso reactivo, um discurso em segundo grau, um contra--discurso por relação a um suposto primeiro discurso *da* razão de Estado»[34]. Que a expressão «razão de Estado» não se encontre expressamente nos escritos de Maquiavel – na

---

[34] Cf. Marcel Gauchet, "L'État au miroir de la raison d'État: la France et la chrétienté", in *Raison et déraison d'État. Théoriciens et théories de la raison d'État aux XVI et XVII siècles*, Paris, PUF, 1994, p. 193.

verdade o seu primeiro registo ocorre na *Orazioni a Carlo V* (1547) de Giovanni della Casa, tendo mais tarde Giovanni Botero escrito o seu tratado *Della Ragion di Stato* (1589) – não significa, porém, que o discurso e o debate *sobre* a razão de Estado não sejam um discurso e um debate *sobre* o «maquiavelismo». Antes pelo contrário: o debate sobre a «razão de Estado» é, efectivamente, em todos os matizes e linhas de força que o atravessam, um debate cerrado sobre o significado do «maquiavelismo».

De um modo ou de outro, é, pois, frequente ligar-se o nascimento e o desenvolvimento da razão de Estado a uma polémica política *sobre* e *contra* Maquiavel. Todavia, esta assimilação entre o discurso *sobre* a «razão de Estado» e o significado político e polémico do «maquiavelismo», não deve fazer-nos esquecer a necessidade de distinguir a obra de Maquiavel do assim chamado «maquiavelismo». Segundo Michel Senellart, haveria uma «verdade» histórica de Maquiavel que se distinguiria dos múltiplos significados que os comentadores extraíram dos seus escritos, «verdade» essa a que o autor, na sequência da interpretação que Michel Foucault faz dos escritos do secretário florentino[35], chama a «*função histórica* de Maquiavel»[36]. Não obstante, num outro lugar, o mesmo Michel Senellart, chama

---

[35] «Maquiavel está no centro do debate, com valores diferentes, quer negativos, quer, pelo contrário, positivos, durante todo esse período que vai de 1580 a 1650-1660. Ele está no centro do debate não de modo algum na medida em que *isso passa por ele*, mas na medida em que *isso se diz através dele.*» Cf. Michel Foucault, *Sécurité, territoire, population*, Cours au Collège de France, 1978, Gallimard, Paris, 2004, p. 248.

[36] «Essa função histórica, todavia, não deve confundir-se, nos séculos XVI e XVII, com o maquiavelismo, isto é, com o uso crítico, polémico ou apologético que se fez do nome de Maquiavel e de algumas das suas teses. [...] A função histórica de Maquiavel [...] de modo algum é idêntica à utilização – hostil, desconfiada ou cúmplice – do nome de Maquiavel pelos adversários e partidários da «razão de Estado»». Cf. Michel Senellart, "Machiavel à l'épreuve de la gouvernementalité", in Gérald Sfez et Michel Senellart (dir.), *L'enjeu Machiavel*, PUF, Paris, 2001, pp. 214-215.

a atenção do leitor interessado para o facto decisivo de a «razão de Estado» ter sido objecto, durante o período da Contra-Reforma, de uma elaboração conceptual e de uma sistematização doutrinal directa e ostensivamente – muito ostensivamente, dir-se-á – anti-maquiaveliana: «Demasiadas vezes o esquecemos: foi contra Maquiavel que se desenvolveu, durante mais de um século, o discurso da "verdadeira razão de Estado". Existem, pois, na época clássica, dois conceitos antinómicos da razão de Estado»[37].

Vã ilusão a de todos os que presumem poder encontrar uma «verdade» de Maquiavel apenas nos escritos de Maquiavel, uma «verdade» de Maquiavel que excluiria a suspeita de um incómodo e famígero «maquiavelismo», seja este o «maquiavelismo» do próprio Maquiavel, seja o «maquiavelismo» dos «maquiavelistas», seja ainda o «maquiavelismo» dos «anti-maquiavelistas». A fama, e por maioria de razão a má fama, é o que é. Na verdade, o enigmático «maquiavelismo» de Maquiavel em parte alguma nos permite encontrar ou descobrir um Maquiavel sem «maquiavelismo». A questão do «maquiavelismo de Maquiavel» não pode por isso ser posta como Raymond Aron um dia a pôs: «Maquiavel não conheceu a glória, reservada à sua obra póstuma. E a sua obra, por seu turno, foi menos gloriosa que o *maquiavelismo*, de que não sabemos se se confunde com o pensamento de Maquiavel se com uma doutrina retirada dos seus escritos por discípulos infiéis»[38].

Seja como for, não é certamente um acaso que aquele «contra-discurso» referido por Marcel Gauchet nasça e se desenvolva sob o influxo da Contra-Reforma numa península italiana sob a tutela da monarquia católica espanhola. Na boca e na pena dos detractores de Maquiavel, «maquia-

---

[37] Cf. Michel Senellart, *Machiavélisme et raison d'État*, PUF, Paris, 1989, p. 10.

[38] Cf. Raymond Aron, "Le machiavélisme de Machiavel" [1938], in *Machiavel et les tyrannies modernes*, Éditions de Fallois, 1993, pp. 60-61.

velismo» é, com efeito, o primeiro nome para «razão de Estado». A própria expressão «razão de Estado anti-maquiavélica», forjada pelos autores contra-reformistas, só é compreensível porque subentende o «maquiavelismo» como sinónimo de «má» razão de Estado. Daí que durante a Contra-Reforma a razão de Estado se venha a decompor em «má» ou «falsa» razão de Estado (aquela que os seus adversários respigam dos textos de Maquiavel ou de um «maquiavelismo» que atribuem a Maquiavel) e «boa» ou «verdadeira» razão de Estado (a propugnada pelos inimigos de Maquiavel, sejam estes huguenotes franceses, católicos italianos, espanhóis ou portugueses). Uma vez mais, é na obra do jesuíta Pedro de Rivadeneira que uma tal distinção atinge a sua formulação mais pregnante: «E porque ninguém pense que eu descarto toda a razão de Estado (como se não houvesse nenhuma), e as regras de prudência com que, depois de Deus, se fundam, acrescentam, governam e conservam os Estados, ante todas as coisas digo que há razão de Estado, e que todos os príncipes a devem ter sempre diante dos olhos, se querem acertar a conservar e governar os seus Estados. Mas que esta razão de Estado não é uma só, mas duas: uma enganosa e diabólica, outra certa e divina; uma que do Estado faz religião, outra que da religião faz Estado. [...] Esta é a verdadeira, certa e segura razão de Estado, e a de Maquiavel e dos políticos é falsa, incerta e enganosa»[39].

O que neste passo do contra-reformismo é significativo é que as teorias da razão de Estado ditas anti-maquiavélicas, para fazerem valer as suas razões, sejam obrigadas a adoptar o terreno pragmático e as premissas fundamentais do «maquiavelismo» que denunciam, a saber, que a política se

---

[39] Cf. Pedro de Rivadeneira, *Tratado de la religión y virtudes que debe tener el Príncipe Cristiano, para gobernar y conservar sus estados, contra lo que Nicolás Maquiavelo e sus secuaces enseñam* [1595], in *La razón de Estado en España. Siglos XVI-XVII (Antología de Textos)*, estudio preliminar de Javier Peña Echeverría, Editorial Tecnos, Madrid, 1998, pp. 11-12.

guia pelo critério do êxito e que a conservação e o aumento do poder do Estado é a sua finalidade. Mais: apesar de o problema da «razão de Estado» ser mais amplo do que a posição a tomar face ao «maquiavelismo», a que aquele se vê amiúdas vezes reduzido, a verdade é que ocorre na tratadística política contra-reformista um fenómeno de impregnação e de emulação de Maquiavel que faz com que os seus adversários adoptem por vezes as maneiras, o estilo e até os próprios princípios de Maquiavel, seja no laconismo da linguagem empregue, seja na terminologia usada, seja na argumentação formal, seja ainda no conteúdo dos próprios argumentos, seja, sobretudo, no recurso aos exemplos da história retirados do Antigo Testamento. Em suma, toda a prolífica literatura da «verdadeira» razão de Estado não só aceita como frequentemente refina – mediante subtilezas casuísticas e autênticas contorções morais – o tipo de questionamento e os argumentos ditos «maquiavélicos». Por isso se pode afirmar que quanto mais Maquiavel é amaldiçoado em palavras tanto mais ele é abençoado em actos.

Na verdade, o problema não é tanto como combater Maquiavel e os fantasmas do «maquiavelismo», que a monarquia católica espanhola constantemente descobre nos seus heréticos inimigos políticos europeus, mas como «catolicizar» a razão de Estado, como sarar a grande ferida que Maquiavel revelou à cristandade europeia, a saber, a desadequação ou o pouco préstimo da moral cristã quando se trata de dar conta de uma nova situação política – que a razão de Estado impôs – respondendo com eficácia aos novos problemas que ela levanta.

Para "degolarem"[40] a «heresia» e a «impiedade» do «maquiavelismo» precisamente no ponto em que este se

---

[40] A "degolação" do «maquiavelismo» tornou-se um tropo frequente e popular na literatura política da Contra-Reforma graças à fortuna da obra do Padre Cláudio Clemente *El Machiavelismo degollado por la Christiana sabiduría de España y Austria. Discurso Cristiano-Político*, 1637.

lhes tornara mais insuportável e repugnante, a saber, na acusação de Maquiavel de que a religião cristã é um perigoso factor de efeminação porque enfraquece as virtudes cívicas dos homens aos arredá-los das preocupações mundanas com a promessa do Paraíso, não hesitam em estabelecer uma imaginária filiação religiosa da «razão de Estado católica» na história e nos exemplos dos antigos hebreus. Prova cabal disso é o paradoxal recurso às fontes do Antigo Testamento por parte dos anti-maquiavelistas espanhóis do *siglo de oro*.

Mas qual a acusação que Maquiavel faz à religião cristã? Na passagem do capítulo II do livro segundo dos *Discursos sobre a primeira década de Tito Lívio*, vivamente repudiada e tenazmente refutada por autores da estatura de um Jerónimo Osório e de um Pedro da Rivadeneira, na qual Maquiavel compara a antiga religião romana com a religião cristã da sua época, afirma o secretário florentino o seguinte: «Pensando, portanto, na razão porque naqueles tempos antigos os povos foram mais amantes da liberdade do que nestes, creio que isso se deve à mesma razão que torna os homens menos fortes agora, a qual creio seja a diferença que há entre a nossa educação e a antiga, fundada na diferença que há entre a nossa religião e a antiga. Porque a nossa religião, por mostrar a verdade e o verdadeiro caminho, leva-nos a estimar menos as honras do mundo, motivo por que os gentios, que assaz as estimavam e nelas viam o sumo bem, eram mais ferozes nas suas acções. [...] A religião antiga, além disso, não beatificava senão os homens que se cobrissem de glória mundana, como os comandantes de exércitos e os príncipes de repúblicas. A nossa religião glorificou mais os homens humildes e contemplativos do que os activos. Além disso, pôs o sumo bem na humildade, na abjecção e no desprezo das coisas humanas, enquanto a antiga o punha na grandeza de ânimo, na força do corpo e em todas as outras coisas capazes de tornar os homens fortíssimos. E, se a nossa religião te exige que tenhas força, quer que tu sejas capaz de padecer, mais do que fazer, uma coisa forte. Este modo de viver, portanto, parece que tornou o mundo fraco e o deu em presa aos homens celerados, que o podem manejar com segurança vendo como a generalidade dos homens, para irem para o Paraíso, pensa mais em suportar as ofensas do que em vingá-las. E, embora pareça que o mundo se efeminou e o Céu se desarmou, sem dúvida que isso se deve à baixeza dos homens, que interpretaram a nossa religião segundo o ócio, e não segundo a *virtù*»[41].

Se, como diz o ditado, a língua bate onde o dente dói, então é lícito supor que uma das razões da perturbação, do incómodo e do ódio dos teóricos políticos contra-reformistas a Maquiavel, se deverá, em parte, ao menos de um ponto de vista psicológico, ao conteúdo – *inassumível* para eles – desta passagem. Com efeito, o português Jerónimo Osório, o primeiro grande oponente de Maquiavel do lado contra-reformista, no seu *Tratado da Nobreza Cristã*, classifica como uma «perversão da mente» e um «tresvario» de um «homem cheio de vesânia»[42] a ousadia de Maquiavel, o qual, «cuidando que não lhe cumpria esconder quanto pensava sobre a santidade da nossa religião», «afeou com aquela calúnia a dignidade do nome cristão» ao «assacar caluniosamente aos cristãos que o assolamento de alguma república resultara dos costumes cristãos»[43].

Como já apontei, a resposta dos anti-maquiavelistas peninsulares à crítica de Maquiavel à religião cristã toma inesperados caminhos «maquiavélicos». Com efeito, o para-

---

[41] Cf. Niccollò Machiavelli, "Discorsi sopra la prima deca di Tito Lívio", II: 2, in *Opere de Niccolò Machiavelli*, a cura di Ezio Raimondi, Milano, Ugo Mursia Editore, 1996, pp. 238-239.

[42] Cf. D. Jerónimo Osório, *Tratados da nobreza civil e cristã* [1542], tradução, introdução e notas de A. Guimarães Pinto, Imprensa Nacional-Casa da Moeda, 1996, pp. 202-203.

[43] Cf. D. Jerónimo Osório, *Ibidem*, p. 200, p. 206 e p. 217.

doxal, no esforço contra-reformista de uma revitalização mundana das virtudes morais cristãs, está em que aqueles autores tenham procurado na autoridade do Antigo Testamento a fonte histórica de uma legitimação teológico-política da razão de Estado católica. Tal esforço é visível sobretudo no modo como os contra-reformistas invocam a figura de um Deus veterotestamentário concebido e projectado à medida das necessidades políticas da monarquia católica espanhola, a braços com a inadiável tarefa de conjugar a ortodoxia católica com a eficácia política. Actuando num espaço europeu assolado por «heresias» que teimam em escapar ao seu controlo, a missão histórica de defesa e propagação da «verdadeira» fé cristã que a monarquia espanhola se auto-atribuía só poderia realizar-se se ela tomasse o cunho de uma empresa integralmente devotada ao serviço da religião católica. Daí a assimilação entre os planos divino e histórico da acção política que teve como aspecto decisivo a confiscação da razão de Estado por uma teologia ao serviço de uma singular vontade divina. Singular vontade de Deus porque é bem de um "velho novo Deus" que se trata no «anti-maquiavelismo» dos contra-reformistas espanhóis.

Com efeito, o Deus da literatura da razão de Estado católica, como oportunamente observou Henry Méchoulan, é um Deus guerreiro, um Deus vingador, um Deus intolerante que os anti-maquiavelistas espanhóis "descobriram" no Antigo Testamento: «O Deus dos anti-maquiavelianos espanhóis do *siglo de oro* poderia ser tomado, na sequência de uma leitura sumária e pueril, por o do Antigo Testamento, pois o Deus de Isaac, de Abraão e de Jacob é incessantemente posto ao serviço dos inimigos de Maquiavel que

---

[44] Cf. Henry Méchoulan, "Constitution de l'antimachiavélisme: le Dieu des antimachiavéliens espagnols du siècle d'or", in *L'antimachiavélisme de la Renaissance aux Lumières*, Éditions de l'Université de Bruxelles, Institut d'étude des religions et de la laïcité, Bruxelles, 1997, p. 85.

se apropriam sem vergonha do Antigo Testamento»[44].

Tal como na história dos antigos hebreus Deus escolheu um povo para servir de modelo aos restantes e para combater a idolatria e a devassidão que alastravam no mundo, assim os espanhóis, desde os tempos da Reconquista e dos feitos militares de D. Fernando, o Católico, se sentem o novo povo eleito de Deus, mas portador agora, num período da história em que grassam por toda a Europa a «heresia» e o «ateísmo», de uma nova mensagem política capaz finalmente de pôr os meios humanos de acordo com a lei divina, capaz, em suma, de fundar uma «verdadeira» razão de Estado ou uma razão de Estado católica. Este Deus de combate político dos anti-maquiavelistas espanhóis é necessariamente um Deus guerreiro, pois só a guerra contra os «hereges» e os «ateus» pode, de modo permanente, renovar a nova aliança dos espanhóis com Deus; é um Deus forçosamente intolerante, já que a liberdade de consciência ou tolerância religiosa é um convite sub-reptício a esse mal diabólico que são as guerras de religião, as quais significam a ruína do Estado que as consente; finalmente, é um Deus vingador que não poupa os inimigos da Espanha. Como, a este propósito, observa Sandra Chaparro: «O reforço da teopolítica da época leva à gestação de uma identidade católica muito característica dos finais do século XVI espanhol. O que os intelectuais do momento afirmam é uma visão teológica da história segundo a qual o povo mais católico da Urbe é o novo povo eleito de Deus para levar a sua Palavra até aos últimos confins do universo. Os súbditos do rei católico são-no enquanto fiéis, submetidos à lei de Deus desde os tempos da Aliança»[45].

---

[45] Cf. Sandra Chaparro, "Maquiavelismo y providencialismo: conflicto, estrategia y guerra", in *Maquiavelo y España. Maquiavelismo y antimaquiavelismo en la cultura española de los siglos XVI y XVII*, Juan Manuel Forte y Pablo López Álvarez (Eds.), Editorial Biblioteca Nueva, Madrid, 2008, p. 141.

O paradoxal apelo aos exemplos de virtude cívica dos antigos hebreus, mediante um recurso *ad nauseam* a histórias narradas no Antigo Testamento, como resposta à crítica de Maquiavel segundo a qual a religião cristã enfraquece a virtude política, significa que os anti-maquiavelistas contra-reformistas espanhóis se viram na necessidade de virilizar (simulando o judaísmo antigo) as virtudes morais cristãs, através de uma filiação – que de um ponto de vista teológico é um contra-senso – do catolicismo e da razão de Estado católica no judaísmo dos antigos hebreus. Fizeram-no, contudo, num contexto histórico em que, a instâncias do Santo Ofício, a pureza religiosa, moral e racial dos católicos os "forçava" a expulsar, a perseguir e a matar os judeus peninsulares... Como observa Yosef Kaplan: «Os herdeiros do povo eleito original passaram a ser tidos em baixa estima, e mesmo desprezados, por aqueles que se proclamavam sucessores da eleição de Israel – aqueles espanhóis de rigorosa descendência cristã que levavam o evangelho cristão ao mundo todo. Por seus próprios laços com o judaísmo, o "cristão-novo" ou "português", os descendentes de judeus forçados ao cripto-judaísmo, ameaçavam a integridade cristã da sociedade espanhola, uma integridade tida como condição indispensável da sua missão messiânica»[46].

Assim, ao mesmo tempo que o fictício Deus hebreu dos anti-maquiavélicos católicos espanhóis lhes servia para puxarem pelo brio militar contra os «hereges» e os «ateus» europeus, o «maquiavelismo» dos *políticos* ou a «má» razão de Estado teriam, segundo eles, a sua origem mais próxima nos descendentes desses antigos hebreus, os judeus, que, apesar de haverem sido expulsos em 1492, representam ainda uma ameaça muito grande para a Espanha. O que isto significa é que a diabolização da «má» razão

---

[46] Cf. Yosef Kaplan, *Do cristianismo ao judaísmo. A história de Isaac Oróbio de Castro*, Imago Editora, Rio de Janeiro, 2000, p. 171.

de Estado como «razão económica» dos «judeus maquiavélicos» é um tópico decisivo para a compreensão da história da formação da razão de Estado católica e contra-reformista. Na obra multiforme de Francisco Quevedo, esses «judeus maquiavélicos» aparecem caracterizados não apenas como aqueles que, por razões de Estado, mataram Jesus de Nazaré, mas como homens nos quais uma abominável moral acomodatícia surge de mãos dadas com uma nefanda hipocrisia: «São homens de quadruplicada malícia, de perfeita hipocrisia, de extremada dissimulação, de tão equívoca aparência que todas as leis e nações os tomam por seus. A negociação multiplica-lhes as caras e muda-lhes os semblantes, e o lucro transfigura-lhes as almas»[47].

Concebido sob o ponto de vista de um dogmático anti-semitismo católico, o libelo de Quevedo, *Execração contra os judeus* é o documento da época que melhor nos permite compreender e julgar o modo de operar, já no seu estertor, é verdade, do anti-maquiavelismo espanhol. O memorial de Quevedo, cujo título completo diz *Execración por la fe católica contra la blasfema obstinación de los judíos que hablan portugués y en Madrid fijaron los carteles sacrílegos y heréticos, aconsejando el remedio que ataje lo que, en este mundo con todos los tormentos aún no se puede empezar a castigar*[48], data de 1633. Nele se dirige Quevedo pessoalmente ao rei Felipe IV solicitando-lhe que rompa os contratos financeiros que a Coroa estabeleceu com os homens de negócios judeus – marranos portugueses – e que decrete uma nova expulsão, mais radical do que a primeira, ocorrida em 1492, de todos os hebreus. O violento panfleto anti-semita de Quevedo tem como pretexto imediato o aparecimento em Madrid de uns

---

[47] Cf. Francisco de Quevedo, "La fortuna con seso y la hora de todos", in *Obras Completas en prosa*, dir. por Alfonso Rey, Madrid, Castalia, 2003, II, p. 772.

[48] Cf. Francisco de Quevedo, *Execración contra los judíos* [1633], edición de Fernando Cabo Aseguinolaza y Santiago Fernández Mosquera, Editorial Crítica, Barcelona, 1996.

cartazes escritos em língua portuguesa reivindicando a religião dos hebreus: «*Viva la ley de Moisén y muera la de Cristo*». Como os ditos cartazes, além de alegadamente escritos em português, apareceram nas imediações de umas casas habitadas por alguns marranos portugueses recentemente chegados a Madrid, levantou-se a suspeita, difícil de contrariar, de que teriam sido eles a cometer tal delito. O escândalo foi grave e, de acordo com a rotina prescrita para estas situações, logo se iniciaram as inquirições. A Inquisição ofereceu publicamente uma recompensa de mil ducados a quem descobrisse ou denunciasse os autores do pasquim, organizaram-se entretanto algumas procissões de desagravo, até que, por fim, o Santo Ofício, como de costume, leva os prevaricadores «das mulas ao braseiro».

O episódio seria talvez facilmente esquecido uma vez descobertos e devidamente castigados os seus reais autores. Mas o verdadeiro problema era bem outro. Consistia ele na massiva afluência, a partir de 1627, de marranos portugueses a Madrid, cuja presença e influência nos negócios da Corte se tornara entretanto particularmente visível, dir-se-ia mesmo ostensiva, concitando a inveja e o ódio da alta nobreza e do povo. Porém, o alvo imediato do panfleto de Quevedo é a política financeira do Conde-Duque Olivares[49], uma política que assenta nas relações privilegiadas do valido com os banqueiros marranos portugueses que fornecem o crédito à Coroa espanhola. O episódio dos cartazes, incitando a sanha popular contra uma presença e um relevo cada vez maiores dos judeus portugueses na corte de Madrid, não passa de uma manobra táctica na estratégia

---

[49] Quevedo, que por essa altura se tinha convertido – nas palavras do próprio Olivares – em «inimigo do governo e murmurador dele», haveria de pintar o valido, na sátira *La isla de los monopantos*, sob o escarnecedor apelido de Pragas Chincollos, como príncipe dos «monopantos». De referir que *Pragas Chincollos* é um anagrama de *Gaspar Conchillos*, nome da família paterna do Conde-Duque, de ascendência conversa.

gizada de lançar um ataque feroz aos financeiros marranos através da pessoa do seu poderoso protector, o Conde-Duque Olivares. A denúncia feita ao rei Felipe IV da política governamental do valido necessitava de um expediente e subterfúgio deste tipo. A súbita e ostensiva presença de judeus portugueses em Madrid, aos quais não se atribuíam apenas pecados sacrílegos, mas também a pretensão de se apoderarem da fazenda e das finanças do reino, faz do panfleto anti-semita de Quevedo uma crítica à política mercantilista de Olivares apoiada em ou justificada por razões de Estado. Como observa Júlio Caro Baroja: «Pode dizer-se que em Madrid se constituiu uma espécie de partido "anti-semita" (que era o dos inimigos de Olivares) nos anos finais da sua governação»[50].

«Los asentistas portugueses» – como então os marranos vindos de Portugal eram designados na corte de Madrid – constituíam, pois, uma peça chave na política do Conde-Duque, substituindo aqueles que haviam sido os banqueiros tradicionais da Coroa espanhola, alemães durante o reinado de Carlos V e quase exclusivamente genoveses nos reinados de Felipe II e Felipe III. A preferência do valido pelos homens de negócios marranos vindos de Portugal é fácil de explicar: os marranos portugueses negociavam os créditos necessários ao financiamento da Coroa espanhola com as suas casas em Amesterdão, Rouen e em outros lugares da Europa, mantendo, ao mesmo tempo, os seus negócios com a Ásia e o Brasil. Daí a preocupação de Quevedo de que estes capitais fossem parar às mãos dos inimigos da Coroa espanhola: «O crédito o têm em Raguza, em Salónica, em Rouen, em Amesterdão; de maneira que dependem para toda a pontualidade e aceitação das suas letras dos que são inimigos de V. M. Pois se são para a Flandres, contra os hereges rebeldes, depende deles próprios a paga;

---

[50] Cf. Julio Caro Baroja, *Los judíos en la España moderna y contemporánea*, vol. II, Ediciones Istmo, Madrid, 2005, p. 47.

se contra os turcos, depende dos próprios turcos; se contra os franceses, depende dos franceses; se contra os hereges da Alemanha, depende dos mesmos hereges a judiaria de Praga; e se se acendesse guerra em Itália, dependerá das sinagogas de Roma e Livorno e Veneza. V. M. sabe se será necessário prevenir isto, pois se se presumissem rumores entre as armas de V.M. e alguns potentados, poderiam estes banqueiros judeus ser desde a Vossa corte a melhor parte dos seus exércitos»[51].

Do ponto de vista tradicionalista e providencialista de Quevedo, de acordo com o qual a expulsão dos judeus em 1492 fora uma obra de piedade e uma bênção de Deus que tivera o condão de repor a monarquia católica espanhola no recto caminho prescrito pelos evangelhos, a política de favorecimento dos marranos portugueses por parte do traidor Conde-Duque Olivares significava uma concepção mercantilista do Estado que ele reprovava, identificando-a com o maquiavelismo dos *políticos* que tudo justificam por razão de Estado. E, de facto, a assimilação, por Quevedo, da razão de Estado ao ateísmo, ao maquiavelismo e ao mercantilismo não falhava o ponto, a não ser porque ele, como homem do antigo regime caído pessoalmente em desgraça junto de Olivares, se mostrava incapaz de compreender a nova razão de Estado que então se começava a formar: o mercantilismo, ou o puro interesse económico do Estado, independentemente e acima de toda e qualquer religião. A verdade, porém, é que Quevedo não se mostrou capaz de retirar as devidas consequências do fim das guerras de religião, ignorando também as razões por que o Antigo Testamento se elevou então à categoria de Lei Natural. Também por isso o seu anti-semitismo escolástico nada teve de original. Como sugere Jonathan Israel: «Já nos começos do

---

[51] Cf. Francisco de Quevedo, *Execración contra los judíos* [1633], edición de Fernando Cabo Aseguinolaza y Santiago Fernández Mosquera, Editorial Crítica, Barcelona, 1996, p. 35.

século XVI, Maquiavel tinha defendido uma rudimentar razão de Estado, despojada, então, não apenas de cristianismo, mas de qualquer limitação legal ou ética. Depois, a Reforma e a Contra-Reforma enterraram as suas teorias até que reapareceram depois de 1570. No entanto, ao recuperar o conceito de razão de Estado nos finais do século XVII, o Ocidente não se limitava a integrar um maquiavelismo renovado, pelo contrário, estava a criar uma filosofia política baseada nos deveres e nas responsabilidades do Estado para com a sociedade, uma visão enraizada ao mesmo tempo na razão de Estado e na lei natural»[52].

Faltava ao «anti-maquiavelismo» militante de Quevedo um referente que não fosse um mero fantasma. Por isso se mostrou um homem do passado, um vencido, quando, pensando combater os «judeus maquiavélicos» que põem a razão de Estado acima das verdades da religião, se deparou com uma realidade política e económica que o ultrapassava por todos os lados. Finamente, num psicodrama bem quixotesco, caiu em pedir a Felipe IV uma segunda expulsão dos judeus e uma actualização do regimento das leis de «limpeza do sangue». Com «a total expulsão» e desolação dos judeus, sempre maus e cada dia piores»[53] erradicaria, pensava ele, o «maquiavelismo» do mundo.

---

[52] Cf. Jonathan I. Israel, *La judería europea en la era del mercantilismo (1550-1750)*, Ediciones Cátedra, Madrid, 1992, p. 76.

[53] Cf. Francisco de Quevedo, *Execración contra los judíos* [1633], edición de Fernando Cabo Aseguinolaza y Santiago Fernández Mosquera, Editorial Crítica, Barcelona, 1996, p. 44.

A fortuna,
ou o imprevisível em política

DIOGO PIRES AURÉLIO

DIOGO PIRES AURÉLIO é licenciado em Filosofia pela Universidade Clássica de Lisboa, Doutorado em Filosofia Moderna e agregado em Filosofia Social e Política pela Universidade Nova de Lisboa. Actualmente é Professor Auxiliar na Faculdade de Ciências Sociais e Humanas da Universidade Nova de Lisboa e investigador no Instituto de Filosofia da Linguagem. Foi Professor Visitante da Universidade de Santiago de Compostela e da Universidade de São Paulo. Autor de inúmeros artigos em revistas nacionais e internacionais, traduziu e prefaciou edições de Maquiavel (*O Príncipe*), Espinosa (*Tratado Teológico-Político* e *Tratado Político*) e Richelieu (*Testamento Político*). Na área da Filosofia Política publicou as seguintes obras: *Um fio de nada. Ensaio sobre a tolerância* (Lisboa, Cosmos, 1997); *A Vontade de Sistema. Estudos Sobre Filosofia e Política* (Lisboa, Cosmos, 1998); *Imaginação e Poder. Estudo Sobre a Filosofia Política de Espinosa* (Lisboa, Colibri, 2000); *Razão e Violência* (Lisboa, Prefácio, 2007); *Representação política* (Lisboa, Livros Horizonte, 2009).

A fortuna,
ou o imprevisível em política

DIOGO PIRES AURÉLIO

Maquiavel tem sido predominantemente interpretado, nos últimos dois séculos, como um precursor da ciência do político, seja na versão que Hegel apresenta da ciência, seja na sua versão mais comum, a que chamamos de galilaico--newtoniana. Semelhante interpretação, por muito sugestiva que seja qualquer das suas versões, não esgota, porém, a fecundidade do texto maquiaveliano, além de não tomar em devida conta algumas das suas teses mais insistentes, como aquela que se pode ler no capítulo XXV do *Príncipe*, sob a conhecida prosopopeia do combate entre a fortuna e a virtude. É precisamente à luz dessa tese que tentaremos reinterpretar aqui o pensamento do autor, no pressuposto de que ela implica o abandono de uma leitura predominantemente «cientista» do texto de Maquiavel, ao mesmo tempo que sugere algo que é essencial no político e que, no entanto, extravasa para lá dos quadros conceptuais em que a ciência inevitavelmente o apreende e equaciona.

A leitura que o idealismo alemão faz da obra de Maquiavel recusa, por destituída de pertinência, a discussão sobre aquilo que seria «a verdade», inquestionável e intemporal, da obra do autor, especialmente do *Príncipe*, porquanto o sentido dessa obra só se revelaria como intervenção na história. Sintoma de um momento no percurso da razão, manifestação sublime da «ideia» no ocaso da Renascença, a obra de Maquiavel não pode, de acordo com esta interpretação, ser lida como se fosse o desvendamento, de uma vez por todas, das normas do agir político e da própria realidade da política, dado que essa realidade se inscreve sempre diferentemente no fio do tempo. O que surpreende em Maquiavel e dele ecoa no século XIX é, pois, além da ressonância patriótica que contagiará os nacionalismos da época, a descoberta do ordenamento estatal e a intuição, num contexto todo ele ainda feito de formas políticas medievais em decadência, de que só esse novo tipo de «ordem» seria capaz de elevar a multiplicidade de poderes dispersos em solo italiano ao nível de uma potência, de uma força capaz de se afirmar no espaço europeu. Como dizia, em 1868, Francesco de Sanctis, em Maquiavel «o estado adquire consciência de si, conhece que se encontram em si mesmo o seu fim e os meios, torna-se ciência»[1].

Até meados do século XX, será dominante esta leitura em que a «ciência do estado» se entende como auto-revelação da sua essência como ser que tem em si mesmo o seu próprio fim, não devendo portanto ser analisado em função de padrões extrínsecos. Semelhante ciência, no entanto, é para o idealismo um saber que se faz através da história, sem paralelo com os padrões epistemológicos e com o modo preferencialmente matemático de as ciências da natureza enunciarem a verdade dos seres. Além disso, apesar de evidenciar a «autonomia do político», que será depois sublinhada por Croce, a mesma ciência permanecerá no imediato um saber sem consequências, longe portanto da baconiana *scientia propter potentiam*. Conforme escreve, no seu tom marcadamente hegeliano, o citado Francesco de Sanctis, Maquiavel «imaginou fazer com a

---

[1] F. de Sanctis, *Machiavelli*, cit. p. 81.

ciência aquilo que Savonorola tinha querido fazer com o entusiasmo, e esqueceu que o entusiasmo pode produzir qualquer coisa de imediato, enquanto a ciência tem consequências longínquas: o pensamento solitário deve percorrer a sua longa via»[2]. Ou seja, o estado, que Maquiavel intui e identifica, teria ainda de se objectivar na história, o que, como se sabe, no caso de Itália levará séculos. Não admira, por isso, que Chabod evidencie as diferenças que existem entre um «imaginativo que ferra de golpe, com brilho fulgurante, a sua *verdade*», como é Maquiavel, em contraste, por exemplo, com um espírito sistemático como é Montesquieu[3].

Há, no entanto, quem veja em Maquiavel, ao invés da intuição de génio que capta a verdadeira natureza do estado, alguém que o integra conceptualmente e que, atendo-se aos factos, à sistematicidade e ao método, teria fundado, não a ciência no sentido hegeliano, mas a ciência política tal como esta se entende na modernidade. Já em 1930, Alexandre Koyré o deixava entender: «Que belo *Discurso do Método* está implicitamente na obra do secretário florentino! Que belo tratado de lógica, pragmática, indutiva e dedutiva ao mesmo tempo, se pode colher desta magnífica obra! Aqui está alguém que sabe ligar a experiência com a razão – de modo completamente diferente de Francis Bacon – e que, numa antecipação de séculos, vê o caso mais simples no caso mais geral. (…) O imoralismo de Maquiavel é simplesmente lógica»[4]. Será contudo Ernst Cassirer, em *The Mith of the State*, quem apresenta a refutação mais convicta da tese que pretendia ver em Maquiavel unicamente o patriota a apelar à reunificação de Itália. Cassirer é peremptório: «Tal como a dinâmica de

---

[2] *Ib.*, p. 109.
[3] *Ib.*, pp. 382-386.
[4] A. Koyré, «La pensée moderne» (1930), in *Études d'histoire de la pensée scientifique*, Paris, Gallimard, 1973, pp. 21-22.

Galileu veio a ser o fundamento da nossa moderna ciência da natureza, assim Maquiavel abriu um novo caminho para a ciência política»[5]. Assim, restringir o significado do *Príncipe* ao momento histórico vivido pelo seu autor é incorrer no que Cassirer designa por «falácia do historiador», a qual se caracteriza por atribuir «as nossas próprias concepções da história e o nosso método histórico a um autor para quem estas concepções eram algo inteiramente desconhecido»[6]. Tal interpretação, feita pelo idealismo alemão e largamente partilhada, no século XIX, em Itália, pelos arautos do «Resorgimento» – Dante Alfieri, Ugo Foscolo, Francesco de Sanctis – sofre além disso de dois equívocos: o historicismo e o psicologismo. Quanto ao primeiro, observa Cassirer, Maquiavel «não escreveu para Itália, nem sequer para a sua própria época, mas sim para o mundo»[7]. Todas as épocas, de resto, se assemelham a seus olhos, não havendo distinção entre os exemplos que colhe da Antiguidade romana e aqueles que colhe da sua experiência próxima. Quanto ao psicologismo e à sua pretensão de «psicanalizar» o autor, a interpretação esquece que «os motivos de um livro e o propósito para o qual ele foi escrito não são o mesmo que o livro»[8]. O interesse de Maquiavel não reside, por conseguinte, na sua inserção empenhada e apaixonada no ambiente florentino, italiano ou mesmo europeu de inícios do século XVI, nem nos objectivos ou nas convicções que estariam por detrás dos seus livros e nas quais, posteriormente, sucessivas e desencontradas ideologias se vão reconhecer. Reside, segundo Cassirer, na sua inovadora abordagem da política: «Maquiavel estudou e analisou os movimentos políticos com o mesmo espírito

---

[5] Ernst Cassirer, *The Mith of the State* (1946) New York, Doubleday Anchor Book, 1955, p. 163.
[6] *Ib.*, p. 155.
[7] *Ib.*, p. 157.
[8] *Ib.*, p. 159.

com que Galileu estudou, um século depois, o movimento dos corpos ao caírem. Foi o fundador de um novo tipo de ciência da estática e da dinâmica políticas». Maquiavel não só não deve ser circunscrito ao seu tempo, como inclusive não deve ser lido como um historiador cujo propósito fosse unicamente dar fé, com a maior exactidão, dos factos que conhecia dos livros e da vida. Sem dúvida, ele cinge-se à «verdade efectiva das coisas» e toda a sua linguagem é predominantemente feita de nomes concretos e de imagens que procuram representar o lado sensível da realidade. Mas Maquiavel é um teórico, ele foi «o fundador de um novo tipo de ciência, de uma estática política e de uma dinâmica política», e uma teoria «requer um princípio construtivo que unifique e sintetize os factos»[9]. Esse princípio é, como sabemos, o estado na sua acepção moderna, cujas origens ele havia visto e cujos efeitos previu[10].

Até que ponto será possível sustentar uma aproximação entre o pensamento político de Maquiavel, se é que existe na sua obra um corpo sistemático de conceitos e teses a que possa atribuir-se uma tal designação, e a «revolução» ou mudança de paradigma que esteve na origem da física moderna? À luz dos textos, por mais heterodoxas que sejam as afirmações de Maquiavel face às ideias políticas predominantes na literatura medieval ou entre os huma-

---

[9] *Ib.*, p. 171.
[10] *Ib.*, p. 168. A aproximação entre a obra de Maquiavel e a ciência moderna, feita a partir deste relevo dado à possibilidade de prever, é também sustentada por Francisco Javier Conde, *El saber político en Maquiavelo*, Madrid, Revista de Ocidente, 1976, p. 70: «El objectivo de la sabiduría estriba, pues, para Maquiavelo, en entender la naturaleza de las cosas. Y como la naturaleza no es sino principio del movimiento, "decir" lo que las cosas son será entender su movimiento, "pre-decir". (...) El *intendere per se* maquiavélico es, pues, un saber de cómo las cosas son necesariamente y un predicir de cómo han llegado a ser por necesidad. Es, si se quiere, un saber "positivo", o más exactamente, un modo de saber que precontiene en germen lo que el positivismo del siglo XIX formulará como postulado supremo del saber: *savoir pour prévoir*».

nistas, é notório que tudo ou quase tudo o separa daquilo que virá a ser a ruptura metodológica introduzida pelo paradigma galilaico-newtoniano. Nem sequer enquanto narrador a fidelidade aos factos o preocupa excessivamente, conforme a crítica tem vem, desde há séculos, a notar. Se algo distingue Maquiavel, é sobretudo a sua capacidade de intuir o «geral» nas situações particulares e de lhe recriar os contornos com uma tal imaginação, vivacidade e verosimilhança, que ele se torna ainda mais vivo e, se assim podemos dizer, mais real que a própria realidade, a ponto de poder funcionar como um caso paradigmático. Chabod, tem inteira razão quando argumenta que, se o compararmos com Francesco Guicciardini, o embaixador e amigo que anotará minuciosamente os *Discorsi*, é este último que revela a maior capacidade de distanciação e de cálculo perante os factos, a argúcia para detectar o íntimo dos contemporâneos e, deste modo, elaborar estratégias de sucesso. Mas para Maquiavel, «o facto histórico não se esgota no seu imediato contorno, pelo contrário, desenvolve-se na sua potência criadora»[11]. Isto explica, por um lado a indiferença com que a obra foi acolhida pelos destinatários, por outro a ausência de resultados políticos, já notada por Hegel, da doutrinação de Maquiavel e dos apelos que faz aos Medici para a edificação de um estado[12]. Sendo, pois, certo que não se pode medir o grau de cientificidade de uma doutrina pelo sucesso das suas eventuais aplicações, também não deixa de ser problemática a integração, pura e simples, no paradigma científico instaurado um século mais tarde por Galileu, de uma teoria à qual tão flagrantemente escapa a possibilidade de qualquer previsão sobre o objecto que era suposto explicar. Além de que não se vislumbra, a não ser pela inércia de uma tradição acrí-

---

[11] «Introduzione al *Príncipe*», in F. Chabod, *Op. cit.*, p. 9.
[12] «Machiavells Stimme ist ohne Wirkung verhallt», *Uber die Verfassung Deutschlands*, cit., p. 558.

tica, qualquer semelhança entre as alegadas máximas de Maquiavel em ordem à eficácia política e a natureza da lei científica. Não admira por isso o tom paradoxal com que Chabod conclui, ao declarar que «todos os erros e as deficiências de avaliação histórica que haviam determinado a própria criação e a inutilidade prática do *Príncipe* se tornavam, deste modo, as fontes primeiras da sua grande força: se Maquiavel tivesse julgado com verdadeiro espírito crítico os acontecimentos do seu tempo, não teria escrito o seu tratado»[13].

A interpretação que vê no florentino um precursor do espírito científico moderno conhece, no entanto, um registo mais sofisticado e menos «cientista», se assim podemos dizer, na tese que Leo Strauss repete em várias das suas obras e em que a obra de Maquiavel figura como a primeira e a mais decisiva das «três vagas da modernidade». Strauss reconhece que a obra deste, no geral, está mais próxima de Tito Lívio que desse mundo novo que surgirá com a Física de Galileu. Considera porém que a revolução operada por este no plano da ciência só se compreende à luz da revolução que Maquiavel, a propósito da política, opera na filosofia.

São dois os princípios que Strauss faz ressaltar no *Príncipe*, a fim de colocar Maquiavel na origem da modernidade: o primeiro é que os governantes se devem guiar pela verdade efectiva das coisas e não pela maneira como elas se representam na imaginação; o segundo é que a fortuna é como se fosse uma mulher e pode, por isso, ser dominada[14]. De acordo com a tradição – grega, helenista ou cristã –, todos os seres vivos estariam orientados, pela sua natureza específica, para um fim próprio e para um deter-

---

[13] «Del *Príncipe* di Niccolò Machiavelli», in F. Chabod, *Op. cit.*, p. 102.

[14] «The three waves of Modernity», *An Introduction to Political Phiplosophy, Ten Essays by Leo Strauss*, Detroit, Wayne State University Press, 1989, p. 84.

minado grau de perfeição. O homem ocupa aí, é verdade, a proeminência: ele é «a medida de todas as coisas». Mas nem por isso deixa de estar determinado pela sua natureza, racional e social, o que significa estar também sujeito a certos limites que não podem ser ultrapassados e que se materializam na margem de contingência que o acaso dita às suas acções. Por esse motivo, «a virtude é essencialmente moderação»[15], ser e agir em conformidade com o lugar que se ocupa na arquitectura da natureza, sendo o bom regime político aquele que leva os cidadãos a fugirem dos extremos. Ora, para que um tal regime se instaure é necessário, não apenas haver as condições materiais – qualidade do território e, sobretudo, dos cidadãos –, mas também o favor da sorte. Os homens, tal como as cidades, estão adstritos a uma finalidade ou grau de perfeição, e além disso o seu movimento e a sua acção esbarram numa cortina de incerteza, visto não lhes ser dado conhecer nem o desfecho, nem a totalidade das consequências de cada um dos seus gestos. São por isso impotentes face ao que o futuro lhes reserva.

Na opinião de Strauss, é precisamente com esta visão do mundo que Maquiavel vai romper. Primeiro, ao tomar a fortuna por algo domável e dominável, não reconhece qualquer limite à iniciativa e à acção do homem. Segundo, ao sublinhar que em todos os estados permanece indefinidamente a violência que esteve associada à sua fundação – o que implica a impossibilidade de superar a conflitualidade, tanto no seu interior como de cada um deles para com os outros –, nega o papel das causas finais e a existência de um *logos* ordenador e moderador da natureza, afirmando como princípio único de explicação das ocorrências as causas eficientes, sejam as que se exprimem na *virtu* dos homens e dos povos, sejam as que se lhes opõem e a que no global se chama de *fortuna*. Deste modo, a natureza,

---
[15] *Ib.*, p. 86.

tanto na concepção de Maquiavel, como no modelo mecanicista de ciência, deixaria de ser um cosmos, uma ordem a respeitar, para se reduzir a um «caos» que está à mercê da capacidade ordenadora do homem, da mesma forma que a política se transfigura numa simples arte de dominar e num «problema técnico»[16].

Que o pensamento de Maquiavel se afasta da ortodoxia teológica, é relativamente consensual, tendo em conta as frequentes referências à religião como algo de instrumental para a política, visíveis quer nos *Discorsi* (Livro I, 11-15) quer na forma irónica como os principados eclesiásticos são tratados no *Príncipe*[17]. Que ele esteja convencido da inu-

---

[16] Cf. «The three waves of Modernity», cit., pp. 86-88. Afirma, nomeadamente, Strauss: «In order to do justice to the change effected by Machiavelli, one must consider two great changes which occurred after his time but which were in harmony with his spirit. The first is the revolution in natural science, i.e., the emergence of modern natural science. The rejection in natural causes (and therewith also of the concept of chance) destroyed the theoretical basis of classical political philosophy. (...) The second post-Machiavellian change which is in harmony with his spirit, concerns political or moral philosophy alone. Machiavelli had completely severed the connection between politics and natural law or natural right, i.e., with justice understood as something independent of human arbitrariness». No mesmo sentido, cf. as afirmações de Strauss em *Natural Right and History*, Chicago, The University of Chicago Press, 1965, p. 179: «Civil society cannot even aspire to be simply just. All legitimacy has its root in illegitimacy; all social or moral orders have been established with the help of morally questionable means; civil society has its roots not in justice but in injustice. (...) Machiavelli takes his bearings not so much by how men live as by the extreme case. He believes that the extreme case is more revealing of the roots of civil society and therefore of its true character than is the normal case: The root or the efficient cause takes the place of the end or the purpose».

[17] Bem diferente é a questão da religiosidade pessoal de Maquiavel, que tem sido sustentada por diversos autores, entre eles o mais famoso dos seus biógrafos recentes, Roberto Ridolfi, o qual fala da «íntima religiosidade da sua consciência, que toda a obra transpira», e recorda uma antologia, publicada em Modena, 1869, com as *Massime religiose estratte fedelmente dalle opere di Niccolò Machiavelli*. Cf. R. Ridolfi, *Biografia de*

tilidade da consideração de causas finais para uma análise do político, também não é difícil de concluir, quando se lê o capítulo XV do *Prínicpe* e a sua defesa da vantagem de nos atermos à *verita efftuale della cosa*, se queremos escrever algo de útil. Na verdade, a *verita effetuale* não é unicamente uma forma de designar o real, por oposição ao imaginário que tradicionalmente povoa a bibliografia sobre política. A *verità effettuale*, de acordo com a já citada observação de Althusser, designa também a coisa ou o acontecimento na sua singularidade, concreta e prática, por oposição às categorias, gerais e abstractas, com que trabalham as doutrinas. Mas não só. Cingir-se à *verità effettuale della cosa* é igualmente considerar a coisa na sua condição de efeito e, por conseguinte, ter de procurar a sua explicação nas causas eficientes, desprezando considerações de ordem teológica ou teleológica.

Há no entanto razões para colocar algumas reservas a uma total identificação de Maquiavel com o mecanicismo dos modernos. Sendo embora inquestionável o seu abandono das vias tradicionais para interrogar o político, e sendo, inclusive, notória a sua preocupação em evidenciar de cada acontecimento, histórico ou presente, as respectivas causas, o campo da acção humana encontra-se em Maquiavel repassado de indeterminação e é por natureza avesso a deixar-se representar mecanicamente. *A posteriori*,

---

Nicolau Maquiavel, cit., p. 288 e 471-473. A tese é discutível e tem sido abundantemente discutida. Qualquer que seja, porém, a conclusão, não parece que ela chegará para refutar a desvinculação da política, levada a cabo por Maquiavel, em relação a qualquer parâmetro teológico. Diferentemente do que julga I. Berlin, em *A Apoteose da Vontade Romântica*, cit., p. 46, não é forçoso ver uma contradição entre, por um lado, os que lêem em Maquiavel uma «obra anti-cristã» e «um ataque à Igreja e a todos os seus princípios» e, por outro lado, aqueles que o consideram «um cristão» ou um «católico sincero». Tanto o espírito da Renascença italiana, como, por maioria de razão, o espírito de Maquiavel, ajustam-se com dificuldade a esse género de taxinomias e dialécticas.

o acontecimento desvenda-se como pura sucessão de efeitos encadeados que o narrador desfia linearmente. Mas as lições que porventura se extraem dessa narração, como da narração de todos os acontecimentos passados, jamais se aplicam por inteiro a uma nova situação, o que quer dizer que a sua pertinência política é limitada. Cada uma das cadeias de ocorrências é irrepetível, da mesma forma que, entre cada um dos seus elos e o elo seguinte, a infinidade de hipóteses que fica em aberto extravasa para lá do conhecimento e do alcance do decisor e demais agentes. Por definição, o político convive sempre com uma certa margem de imprevisibilidade e o risco é inerente a qualquer decisão.

Por outro lado, a fortuna, como veremos a seguir, ainda que na opinião de Maquiavel seja *donna*, está longe dessa imagem de passividade e submissão ao poder da invenção que a natureza apresenta aos olhos da ciência moderna. A conhecida alegoria do *Príncipe* atribui, é certo, ao virtuoso a capacidade de lhe fazer frente, irromper desabrido pelos seus domínios e reduzir-lhe a margem de manobra, o que sem dúvida a seduz e a faz inclinar para ele a cornucópia de bens que tem para distribuir. No essencial, porém, ela permanece inconstante, o que a leva, de um momento para o outro, a mudar de humor e tornar-se madrasta para aqueles a quem antes prodigara os seus favores. Por outras e mais actualizadas palavras, há sempre um remanescente de incerteza que permanece e desafia a virtude, por mais sagaz e arrojada que esta se manifeste, um residual de aleatoriedade através do qual os acontecimentos transbordam e podem surpreender os cálculos mais avisados da tecnocracia. É aí que verdadeiramente reside o político, é aí que a singularidade da virtude irá operar. Quando exista.

Ao contrário do que deixaria supor uma tradição fortemente arreigada, que a conhecida interpretação de Leo Strauss veio no século XX reforçar, a acção política em Maquiavel conhece limites e está condicionada. Não se trata, evidentemente, dos limites que seriam ditados por uma qualquer instância transcendente, mas são limites que fazem com que a acção esteja sempre lastrada pelo risco. Maquiavel nega a pertinência de vínculos extra-políticos, ao mesmo tempo que despreza quaisquer modelos intemporais a que o príncipe devesse moldar os seus passos e as suas decisões. Para todos os efeitos, o soberano é realmente *legibus solutus*. Além disso, a política é, em certa medida, objecto de um saber, o saber dos assuntos de estado, o qual permite a quem o leve em conta evitar muitos males: se os franceses soubessem de política, lembra Maquiavel ao cardeal de Rouen, jamais teriam deixado a Igreja chegar a tanto poder[18]. Porém o facto de o príncipe não depender de ordens alheias não significa que a sua acção seja totalmente incondicionada, visto que o horizonte em que se inscreve esta acção, além de relativamente desconhecido, é instável, não estando ao alcance de ninguém eliminar de vez as raízes dessa instabilidade. Mesmo o saber de política, por mais apurado, não altera a natureza do político. Pelo contrário, ao evidenciar a incerteza inerente a este, Maquiavel desvenda também os limites daquele. O conhecimento dos dados não anula jamais a imprevisibilidade contida em cada um dos seus lances.

A concepção que vinha da Antiguidade pressupunha que as acções do governante se medissem pela sua conformidade aos imperativos universais da razão, condenando em consequência a apropriação individual do bem comum ou o favorecimento indevido de alguns dos súbditos: «Toda a lei – escreve São Tomás – está ordenada para a salvaguarda comum dos homens e, quanto mais o fizer,

---

[18] «Dicendomi el cardinale di Roano che gli italiani non si intendevano della guerra, io gli risposi che´ franzesi non si entendevano dello statu; perché, s´é se ne ´ntendessino, non lascerebbono venire in tanta grandezza la Chiesa.» *Il Príncipe*, cap. III.

mais alcançará o vigor e a razão de lei»[19]. A tradição admitia, é verdade, que há casos em que a aplicação da lei seria prejudicial, pelo que a razão, mais do que autorizar, impunha a excepção. Acrescenta, por isso, São Tomás: «Se há perigo imediato, que não admite tal demora que se possa recorrer ao superior, a própria necessidade tem anexa a dispensa, porquanto a necessidade não está sujeita à lei»[20]. O «caso de necessidade», porém, não constitui para a tradição algo que o soberano pudesse decretar livremente, por conveniência pessoal ou por injustificada manifestação de uma vontade desvinculada das leis. Pelo contrário, é dos próprios factos que tem de ressaltar, de modo claro não só para o soberano mas para qualquer um, a «evidente necessidade» de suspender a lei, dado que a sua aplicação cega seria prejudicial ao interesse comum, o qual é suposto a lei proteger.

Uma tal exigência na determinação do «caso de necessidade» tornar-se-á caduca a partir do momento em que o político se considera desvinculado dos pontos cardeais que a justiça e a concomitante ideia de bem comum lhe apontavam. Se não existe um norte, um sentido e uma razão universal para os acontecimentos, ou se todas as formas de o enunciar denunciam a sua condição de meras perspectivas, então deixará de se poder falar de casos que não sejam de necessidade e a história reduz-se a uma sucessão de lances, nenhum dos quais suprime o acaso. Daí a importância que em Maquiavel assume o momento da fundação, esse momento em que, por sobre a total ausência de sinais orien-

---

[19] S. Tomás de Aquino, *Summa Theologiae*, Ia IIae, q. 96, art. 6. Sobre a concepção medieval do «estado de necessidade», cf. Francesco Calasso, *Gli oridinamenti giuridici del renascimento medievale*, Milano, Giuffrè, 1965; François Saint-Bonnet, *L'État d'exception*, Paris, PUF, 2001; D.P.Aurélio, O «caso de necessidade na ordem política», *Cadernos de História e Filosofia das Ciências* (Universidade Estadual de Campinas), série 3, vol. 2, n.1-2, jan.-dez.2002, pp. 66-87.

[20] *Ibidem*, Ia IIae, q. 60, art. 6.

tadores e a rasura das normas prévias, morais ou jurídicas, existe alguém que inscreve, soberanamente, uma ordem nova.

Com frequência, este gesto fundacional, em que a ordem se dá em gérmen e está, por isso, envolvida em violência, é associado pelos intérpretes ao «caso de necessidade» com que o pensamento medieval justificava a suspensão temporária das leis. Mediante esta interpretação, os alegados e comummente amaldiçoados ensinamentos de Maquiavel, com toda a perfídia que se lhes anda associada, tornar-se-iam compreensíveis e mesmo aceitáveis, porquanto eles seriam destinados exclusivamente a situações excepcionais, como aquela que se verifica na instauração de um estado novo. Uma vez afastada a necessidade e a excepção por ela ditada, a razão e as suas normas impor-se-iam de novo, agora sob a forma que justamente se apelida de normalidade política. Não é todavia exactamente isto que se lê em Maquiavel. Com efeito, se o principado novo representa um caso exemplar, não é porque durante a sua instauração se tenha suspendido o político e aberto um parêntesis em que a violência surgisse e se propagasse: é, pelo contrário, porque na fundação do principado novo a política se dá a ver em toda a sua paradoxal amplitude, enquanto mescla de razão e violência. Sem dúvida, passado o tempo da conquista, ou da revolução, o que justifica e aquilo a que acima de tudo almeja a política é a ordem e a tranquilidade, condição indispensável do bem público. Mas a ordem, em si mesma, não é senão um regime especial da violência, o regime em que esta é monopolizada, como observaria depois Max Weber. Longe de desaparecer, ela assume aí a condição de possibilidade, de pura potência, que pode ou não actualizar-se, consoante a vontade soberana que entretanto tomou as rédeas do poder[21].

---

[21] Da mesma forma que a «excepção» contém em si a explicação da verdadeira essência da norma jurídica, porquanto, segundo a conhecida

Deste modo, «todos os estados, todos os domínios que tiveram e têm império sobre os homens» estão assentes em terreno movediço, pelo que a actuação de quem os possui se norteia, antes de mais, pela sua subsistência enquanto ordem estável, que o mesmo é dizer pela permanente eliminação da desordem e da instabilidade que lhes subjaz e os ameaça. Manter o estado equivale, portanto, a produzir a estabilidade, o que nem sempre quer dizer a paz. Estabilidade é, com efeito, a permanência do poder, e esta obtém-se de muitos modos, entre eles a guerra contra eventuais ataques do exterior ou do interior. Não existe, em política, uma estabilidade passiva, pelo contrário, ela resulta de um dinamismo e de uma actuação permanente contra as forças de diversa ordem que atentam contra ela. É por isso que ao estado, como vimos, se chama também «potência», não porque seja mera possibilidade, mas porque se impõe e preserva a si mesmo activamente, através da força que em si mesmo se concentra e guarda. Os livros de conselhos ou «espelhos de príncipes», tal como as ciências políticas, mais não fazem que definir as fórmulas, os segredos da estabilidade ou «razões de estado», as técnicas de sobrevivência, em suma. Maquiavel, de resto, não as ignora. Por exemplo: ter boas armas, ter boas leis, antecipar-se aos caprichos da fortuna, reduzir, enfim, o campo de manobra do acaso. Ao contrário, porém, da maior parte dos teóricos que o antecedem, ou mesmo dos que virão a seguir, Maquiavel evidencia e enfatiza a impossibilidade de fixar regras que subsumam a infinidade de aspectos em que a realidade política se metamorfoseia. O alcance dos preceitos e das

---

interpretação de Carl Schmitt, nela se exibe em grau eminente a decisão, assim também poderíamos pensar o «estado totalmente novo» como um protótipo do político, uma moldura em que este se dá a ver na sua radicalidade originária, a qual nos restantes estados se encontra igualmente presente mas subsumida pela «ordem» ou «regime». Cf., a este respeito, D.P. Aurélio, *Razão e Violência*, Lisboa, Prefácio Editora, 2007, pp. 54-57.

lições da experiência revela-se, por isso, limitado. São medidas de precaução, que ajudam na exacta medida em que reduzem o campo das probabilidades. Para lá delas, porém, haverá sempre uma margem, maior ou menor, onde cada novo passo é um passo no escuro, que implica riscos e exige audácia e intuição, porquanto não existe conselho ou ponderação que garanta amparo, nem regra anteriormente estabelecida que dê garantias absolutas.

Uma das muitas passagens em que Maquiavel sublinha esta opacidade do político e a sua inserção na finitude reza assim: «estando todas as coisas humanas em movimento, e não podendo permanecer firmes, convém que elas subam ou que desçam; e a muitas coisas que a razão não te induz, induz-te a necessidade»[22]. A frase levanta um conjunto de questões que têm a ver com o essencial do pensamento do autor. Em primeiro lugar, o que é que significa esta necessidade que não coincide com a razão, contrariamente àquela que opera no «caso de necessidade» dos medievais e que suspende a lei, de imediato, em todas as situações em que a sua aplicação se apresentaria, manifesta e ostensivamente, como um acto contrário à razão? Em que é que se traduz, por outro lado, um agir induzido pela necessidade, sendo que esta se opõe à liberdade implícita na decisão e na acção politicas? Como pensar, enfim, o político, se ele aparentemente se furta às categorias com que tentamos apreendê-lo? Analisemos, um pouco mais demoradamente, o problema.

1. Fortuna e virtude

Entre os capítulos XV e XX do *Príncipe,* Maquiavel passa em revista uma série de alternativas de acção que podem pôr-se a qualquer governante, desde a mais elementar,

---

[22] *Discorsi,* I, 6, cit. p. 24.

entre bem e mal, até à edificação ou não de fortalezas. Em todos os exemplos citados, a decisão a tomar depende sempre de circunstâncias várias. Mas em nenhuma circunstância algum critério alheio ao político se lhe sobrepõe ou a determina. Isto mesmo vem enunciado no primeiro dos referidos capítulos, de uma forma que tem algo de inesperado e paradoxal: é «necessário a um príncipe, se quiser manter-se, aprender a poder ser não bom e a usá-lo ou não, segundo a necessidade». Por um lado, a manutenção do príncipe não depende de códigos que se imponham à realidade presente ou fixados por alguém, nem mesmo o próprio, em momento anterior. Ainda assim, ela está condicionada: o príncipe não é livre de ser bom ou não bom, pelo contrário, é obrigado a ser ou uma ou outra coisa, conforme a necessidade.

Esta necessidade significa, antes de mais, tudo aquilo que está fora do alcance e do arbítrio do príncipe e se intromete na decisão, cerceando-lhe a amplitude dos efeitos. A insustentabilidade de uma política que se restringisse à planificação e ao cálculo, uma política reduzida à tecnocracia, como diríamos hoje, reside aqui. A complexidade dos factores e a rede de pulsões inter-subjectivas em que sempre se movem os actores fazem de cada caso um acontecimento singular, impossível de deduzir por inteiro dos seus antecedentes. Daí que a necessidade, como observa Maquiavel na já citada passagem, possa induzir o príncipe a fazer coisas a que a razão o não induz. Seja porque ela se apresenta subitamente, impondo uma resposta não mediada pela razão, nem sequer pela prudência, como acontece no caso das conspirações, de certas guerras e de outros desafios a que é preciso fazer face imediatamente[23];

---

[23] A propósito das conjurações, escreve Maquiavel nos *Discorsi,* III, 6, cit., p. 244: «non è cosa alcuna che facia tanto sturbo o impedimento a tutte le azioni degli uomini, quant è in uno instante, sanza avere tempo, avere a variare un ordine e a pervertirlo da quello che si era ordinato

seja porque as coisas humanas estão de tal maneira entrosadas numa rede causal de interacções e em movimento contínuo, que um príncipe ou uma república, mesmo querendo estar tranquilos, são por força das coisas implicados no vaivém da história e vêem, aparentemente sem razão, a sua situação alterar-se: qualquer cidade, «se não molestar outra é ela molestada, e do ser molestada nascer-lhe-á a vontade e a necessidade de conquistar e, mesmo quando não tiver inimigo fora, encontrá-lo-á em casa: como parece necessário que aconteça em todas as grandes cidades»[24].

A tradição, já o dissemos, vê esta necessidade como uma força que transcende o curso dos acontecimentos, força perante a qual o homem é obrigado a reconhecer os seus próprios limites. Quer se lhe chame fortuna, providência, acaso ou fado, essa força mover-se-ia como instância que se sobrepõe à natureza de uma forma impossível de prever ou decifrar, à margem portanto de qualquer razão conhecida. A mitologia que lhe anda associada costuma representá-la como uma deusa caprichosa, vagabunda, instável e irascível, que derrama a cornucópia dos seus favores sobre quem lhe apetece e arruína quem lhe desagrada. À primeira vista, Maquiavel não despreza esta constelação imagética, através da qual se personaliza e dá um nome a tudo aquilo cujas

---

prima. E si questa variazione fa disordine in cosa alcuna, lo fa nelle cose della guerra ed in azioni simili a quelle di che noi parliano». De alguma forma, todo o capítulo XXV do *Príncipe* constitui uma teoria da política enquanto resposta à variação dos tempos.

[24] *Discorsi*, II, 19, cit., p. 186. Sobre esta mesma questão, tal como sobre a conhecida tese da impossível neutralidade que daí deriva, cf. Claude Lefort, *Le travail de l'œuvre Machiavel*, cit. pp. 433-449; Michel Senellart, *Machiavélisme et raison d'État*, Paris, PUF, 1989, pp. 37-41; Gerald Sfez, *Machiavel, la politique du moindre mal*, Paris, PUF, 1999, cap. I, pp. 23-71; A. Fontana, «Fortune et décision chez Machiavel», *Archives de Philosophie*, Avril-Juin 1999, Tome 62 Cahier 2, pp. 255-268 François Saint-Bonnet, *L'État d'exception*, cit., pp. 183-189 Filippo Del Lucchese, *Tumulti e indignatio; Conflitto, diritto e moltitudine in Machiavelli e Spinoza*, Milano, Edizioni Ghibli, 2004, pp. 17-49.

causas o entendimento comum não descortina. Dir-se-ia até que ele prolonga esse jogo de metáforas, no cap. XXV do *Príncipe,* sublinhando na fortuna, a par da fúria e do ímpeto que a assemelham a um rio caudaloso, a sua condição feminina: ela é poderosa mas volúvel, caprichosa mas domável. Não é no entanto para defender a visão de um mundo em que os acontecimentos estariam sobredeterminados por algo como a providência ou a força das coisas, muito menos pelas conjunções astrais de uma ordem cosmológica a que seria impossível escapar. É, pelo contrário, para negar a existência de qualquer tipo de causalidade ou de finalismo que transcendesse o próprio agir humano, evidenciando a irredutibilidade da *praxis* a qualquer teleologia e desvinculando, assim, o seu êxito e eficácia de qualquer regra ou saber universal.

Evidentemente, perante o sentimento do livre arbítrio, a hipótese de um domínio absoluto dos acontecimentos humanos pela fatalidade foi, em todos os tempos, negada pela maioria dos autores. O senso comum atribui aos homens a responsabilidade pelos seus actos. Ao mesmo tempo, vê-se contudo obrigado a reconhecer que o futuro está abrangido por uma margem de contingência que escapa ao sujeito da acção e, deste modo, supõe a existência do acaso. Por isso mesmo a tradição falou sempre da política como de uma ciência prática, ou seja, como de um saber cujo objecto – o caso singular, imprevisível e irrepetível – se furta ao universal e à necessidade, mas com o qual, ainda assim, se pode até certo ponto lidar, bastando para tanto possuir sabedoria, experiência acumulada e virtudes, sobretudo a virtude da prudência. É contra uma tal ciência que Maquiavel se vai insurgir.

Decerto, Maquiavel não despreza liminarmente a prudência, como se pode ver pelo início do cap. XXV, onde oautor reconhece que, se não se construírem diques no leito e amparos nas margens dos rios, a fortuna irromperá fatalmente sob a forma de inundações. Mais ainda, ao enunciar a tese de que a ruína dos governantes nasce de a sua virtude não variar consoante variam os tempos, Maquiavel parece secundar a versão, visível já em Aristóteles, da prudência como capacidade de intuir em cada caso a respectiva singularidade. Em certa medida, a virtude maquiaveliana também se identifica com o golpe de vista, a sensibilidade ao *kairós*, a penetração de espírito e todo o espectro de qualidades que integram essa qualidade a que os gregos chamavam a *métis*[25]. Dir-se-ia, em resumo, que Maquiavel mais não faz que repetir a doutrina, comum entre os humanistas da Renascença, que interpreta a prudência como versatilidade: só triunfa aquele que muda o ser e a vontade quando mudam os tempos.

Semelhante leitura, que se impôs desde muito cedo na história da interpretação de Maquiavel, porque além do mais confirmaria a pertença do autor ao «espírito» do seu tempo, é no entanto insustentável à luz daquilo que vem no *Príncipe* em continuação do mesmo capítulo. Na verdade, o que aí lemos é que as mudanças da fortuna acarretam liminarmente a ruína e que «não se encontra homem tão prudente que saiba acomodar-se a isto, seja porque não se pode desviar daquilo para que a natureza o inclina, seja também porque, tendo alguém prosperado sempre a caminhar por uma via, não se pode persuadi-lo de que seja bom sair dela»[26]. A versatilidade, sendo assim, não é jamais possuída em grau suficiente, tratando-se, por conseguinte, de mais uma solução imaginária, como tantas outras que Maquiavel critica.

Teremos, então, de concluir que Maquiavel deixaria ainda campo aberto à fortuna? Aceitar uma tal conclusão, à qual de resto a primeira metade do capítulo XXV parece

---

[25] Cf. Marie Gaille-Nikodimov, «Machiavel, penseur de l´action politique», *in* M. G.-Nikodimov et Thierry Ménissier (dir.), *Lectures de Machiavel*, Paris, Ellipses, 2006, p. 269.

[26] *Il Principe*, cap. XXV.

querer conduzir-nos, equivaleria a vê-lo ainda como prisioneiro do pensamento antigo e medieval. Pior do que isso, ficaria sem sentido a parte final do capítulo, da mesma forma que a exortação à casa Medici que vem no capítulo seguinte. Com que fundamento Maquiavel escreveria que «é melhor ser impetuoso que cauteloso» se realmente acreditasse que tanto uma como outra destas características levam à ruína, mal surgem tempos para os quais elas não são adequadas? Manifestamente, a fortuna não se confunde em Maquiavel com uma causalidade transcendente à história, perante a qual o homem fosse impotente, no todo ou em parte. Se, de facto, em última instância é preferível a impetuosidade, é porque ela, em primeiro lugar, significa o contrário do cruzar os braços e deixar-se antecipadamente vencer pela má fortuna, aqui materializada numa mudança do tempo; mas é também, em segundo e não menos importante lugar, porque a impetuosidade contraria aquilo que a prudência aconselha. Vejamos.

O impetuoso é aquele que actua contra o que existe, contra a situação presente, de um modo que não se espera e que a prudência desaconselha. A sua impetuosidade está de resto nisso mesmo, em agir à margem do que, tendo-se consolidando com o tempo, se tornou costume. Mais do que dizer-se que ele tem virtude bastante para se ajustar à mudança dos tempos, como se estes fossem uma entidade autónoma, caprichosa e determinante, deve antes dizer-se que ele com a sua acção surpreende, e nessa medida faz a mudança do tempo, inaugura um tempo novo: aquilo a que se chama fortuna não é senão a evidência e a marca do seu sucesso. A menos que ele de facto não possua virtude capaz de imprimir essa marca. Nessa altura, diz-se que teve má fortuna e que a sua actuação não foi adequada aos tempos, mas o que realmente acontece é que um outro (ou outros) fazem o tempo – seja de mudança ou de reiteração do que está – que ele não é capaz de fazer. O virtuoso, esse repete em cada uma das suas decisões e acções o gesto fundador, o qual subsume o essencial da acção política: com a sua palavra, ou com a sua espada, ele ordena o acontecimento e talha o instante, ainda que para tal seja obrigado, como diz Maquiavel, a «entrar no mal». Não se trata de excluir a contingência, a qual permanece inerente ao político. Trata-se de reduzir o fio contínuo do tempo a uma resultante da acção e da inacção do político. Para lá destas é o vazio ontológico, como convém a uma política e a uma história que se pensam como desenrolando-se sem destino marcado.

Há nesta relação da virtude com a fortuna algo de semelhante ao que Darwin refere na selecção natural. Tal como a causa da evolução dos seres vivos é interna, sendo o meio unicamente o crivo em que se procede à selecção das formas que são vantajosas porque asseguram a adaptação, assim a «mudança dos tempos» é produzida unicamente por aquelas decisões e acções que triunfam, isto é, que eram as mais adequadas às circunstâncias e por isso se impõem e cristalizam em instituições, configuram de novo a matéria até aí submetida a uma outra configuração já caduca. Só isso justifica que elas se digam virtuosas. Não foi por terem sido virtuosas que elas triunfaram, mas sim o contrário. Isto explica, aliás, a razão por que acontece tantas vezes duas actuações diferentes produzirem o mesmo efeito e, por outro lado, de duas actuações semelhantes, uma ter êxito e a outra levar ao desastre[27]. Miguel E. Vatter

---

[27] As palavras de Darwin a este respeito, logo no início do seu livro, fazem irresistivelmente lembrar as do Cap. XXV do *Príncipe*: «Seedlings from the same fruit, and the young of the same litter, sometimes differ considerably from each other, though both the young and the parents (...) have apparently been exposed to exactly the same conditions of life; (...) but in some conditions it can be shown that quite opposite conditions produce similar changes of structure.» *The Origins of Species*, New York, Gramecy Books, 1979, pp. 74-75. Nesta verificação reside o motivo para que a aquisição de novos caracteres pelos seres vivos não possa ser aquela que Lamarck pretendia. Na verdade, «O que diferencia os dois

comenta assim, num texto verdadeiramente inovador, o lado anti-teleológico da concepção da história por Maquiavel: «A maioria das vezes, supõe-se que o encontro (*riscontro*) entre a acção e os tempos é uma espécie de correspondência harmoniosa entre ambos. A fortuna não existe senão como sintoma da não-coincidência das acções e dos tempos, ela é sintomática, portanto, de que a *virtù* humana já não procura mudar os tempos. A *fortuna* perde o seu estatuto de causa da mudança dos tempos precisamente aí onde a *virtù* muda ela própria os tempos, em vez de simplesmente "corresponder" ou se "adaptar" aos tempos»[28].

O verdadeiro herói é, pois, aquele que determina por inteiro os efeitos das suas acções e, nessa medida, tira o campo à fortuna. A história, como Hannah Arendt inspirando-se em Maquiavel reiteradamente afirma, é criação, afirmação da singularidade e diferença do homem cuja acção livre constitui o até aí desconhecido, o sem precedentes e absolutamente novo, ao mesmo tempo que nega qualquer determinismo ou teleologia[29]. Se há um significado para a fortuna, só poderá ser essa indeterminada resistência à afirmação de uma virtude que determina. A fortuna, como diz Lucien Sfez, é «uma potência que de potência não tem senão o nome e designa somente o que

---

autores é o modo como concebem as modalidades da aquisição. Para Lamarck, como para Aristóteles, esta não pode fazer-se senão a partir da influência activa de uma causa *externa*. Para Darwin, pelo contrário, (...) a causa da evolução é interna: o papel do meio é apenas passivo, serve para se proceder à triagem entre toda a variedade das formas produzidas no decorrer das gerações». Antoine Danchin, «Lamarckismo e darwinismo» *in* Fernando Gil, *Cruzamentos da Enciclopédia*, número especial da revista *Prelo*, Lisboa, INCM, 1986, p. 38.

[28] Miguel E. Vatter, «Chapitre XXV du Prince: l'histoire comme effet de l'action livre», *in* Yves Charles Zarka et Thierry Ménissier (coord.), *Machiavel, le Prince ou le nouvel art politique*, Paris, PUF, 2001, p. 234.

[29] Cf. H. Arendt, *The Human Condition*, Chicago and London, The University of Chicago Press, 1989, pp. 230-236. As referências a Maquiavel são frequentes na obra de Arendt.

resiste à nossa acção, *a resistência que faz o resto*, segundo um duplo sentido da resistência: resistência da *Virtù*, resistência da Fortuna»[30].

2. Ser e parecer

A verdadeira acção é, pois, aquela cujo sujeito varre do seu horizonte a adversidade e da sua memória o que os costumes ou a prudência aconselham. Acção eminentemente livre e aventureira, no mais autêntico sentido desta palavra, acção de onde está ausente qualquer causalidade superior à vontade do sujeito, ela não decorre, contudo, numa soberana indiferença pelos seus efeitos. O príncipe, cuja virtude inscreve na história o acontecimento em sua plena singularidade e novidade, não é absolutamente dono do significado que esse gesto irá assumir: são sempre os súbditos que, vendo-a e sentindo-a, qualificam a sua acção, conferindo-lhe uma natureza boa ou má. É da condição da acção política ser o que parece.

Semelhante condição está normalmente oculta na teorização tradicional do político, por regra fundada em noções universais de onde seria possível extrair um padrão de actuação. Os chamados «espelhos de príncipes» mais não fazem que confrontar a acção do soberano com os preceitos inamovíveis que a moral estipula para toda a conduta humana. Não admira por isso que tais espelhos não reflictam senão príncipes imaginários e repúblicas como jamais se viu existirem. Ler semelhante literatura, para quem queira realmente aprender sobre política, é pura perda de tempo. Maquiavel, cuja intenção expressa é escrever algo que seja útil, opta como vimos por ir direito à «verdade efectiva da coisa», em vez de se ficar pela imaginação desta[31].

---

[30] L. Sfez, *La politique du moindre mal,* Paris, PUF, 1999, p. 23.
[31] *Il Principe,* cap. XV.

Em política, sublinhe-se, não há de resto verdade senão a efectiva. São os efeitos que contam, é a eficácia que exprime o sucesso. O príncipe actua para produzir efeitos, sendo que, como já foi observado, a verdadeira natureza dos efeitos é a que se representa na imaginação dos súbditos. À primeira vista, dir-se-ia que o príncipe, mesmo quando se agiganta e impõe à fortuna, estaria ainda assim condicionado por aqueles aos olhos de quem a sua actuação se projecta. E de alguma forma é assim que acontece: fundado o estado, falta ainda assegurar a estabilidade; ora, a estabilidade depende sempre da forma como o príncipe é visto, se é com aplauso ou com raiva, com simpatia ou com desdém. Porque a acção política afecta sempre, positiva ou negativamente, e será boa ou má consoante os efeitos que produz, que o mesmo é dizer consoante os afectos que gera. Ser bem visto, ter amigos, não perder as boas graças do povo é mais importante ainda que ter fortalezas ou qualquer outro recurso estratégico[32]. Porque o apoio popular pode suprir a eventual fragilidade militar, ao passo que o exército ou as muralhas de nada valem quando o príncipe é desconsiderado pelos seus.

Uma tal condição do político aparentemente, permitiria definir uma estratégia com elevada margem de sucesso, uma vez que é possível conhecer com antecedência o quadro de valores à luz do qual a conduta do príncipe, como de todo aquele que detém poder, é avaliada. Qualquer sociedade possui o seu *ethos,* os seus valores, aos quais o agente político se pode, portanto, adaptar, seja moldando a sua conduta de acordo com os mesmos valores, seja simulando fazer o que é digno de louvor e dissimulando aquilo que pode ser alvo de crítica. O príncipe deve ser grande simulador e grande dissimulador[33]. De outra forma, arrisca-se

---

[32] Cf. *Il Principe,* conclusão do cap. XX.
[33] Cf. cap. XVIII.

a que a má fortuna o surpreenda sob a forma de tumultos e rebeliões.

Tais qualidades não são contudo suficientes, ao contrário do que presume a vulgata anti-maquiavélica. O príncipe é realmente alguém que representa, um verdadeiro «hipócrita», como se chama em grego aos actores. Porém, a mais sofisticada hipocrisia está longe de suprimir a natureza intrinsecamente incerta e contingente do político. Em primeiro lugar, o referido quadro de valores pode ser diversamente interpretado e a correlação entre a acção e os seus efeitos é aleatória o bastante para que o príncipe não disponha nunca da garantia prévia de sucesso. Por muito que os mecanismos ideológicos estabilizem uma colectividade, condicionem os seus juízos e orientem as suas expectativas, a flutuação dos ânimos permanece. A multidão está sempre ávida de inovações. É por isso impossível conhecer a superfície social em que se reflecte a acção política a um ponto tal que se soubesse de certeza o que fazer para afectá-la como se desejaria.

Em segundo lugar, dá-se ainda o caso de a mesma acção, num determinado momento, produzir efeitos positivos e, no momento seguinte, produzir efeitos negativos. É a conhecida dialéctica das virtudes, em que se evidencia flagrantemente a assimetria entre moral e política. O príncipe que é generoso e cumula de benefícios os súbditos acabará, quando esgotar o que tem, por lhes exigir mais impostos, acabando assim com a fama contrária à que orientou a sua acção. Em contrapartida, o que é poupado e não distribui benefícios, a princípio, ganha fama de mesquinho, mas, em vindo a guerra ou outra calamidade, é capaz de as enfrentar sem ter de sacrificar o povo, adquirindo assim a fama oposta.

Em terceiro e último lugar, a virtude do príncipe não é o equivalente da sua capacidade de agradar. Há vícios sem os quais o príncipe dificilmente poderia conservar o estado, pelo que não se deve importar com a má fama que eles acarretam[34]. E há situações em que a conservação deste exige que se actue desagradando, senão mesmo usando a crueldade. Nessa altura, o príncipe tem de saber ser não bom e dar de si a imagem correspondente.

Na realidade, o favor das populações tanto se alimenta de expectativas como de receios. Pensar que se pode assentar uma política unicamente na realização ou simulação de acções olhadas com agrado não passa de uma fantasia. Era esse, de resto, o equívoco dos «espelhos de príncipes»: imaginar que havia um lugar certo, previamente definido, onde o soberano deveria colocar-se para que a sua imagem fosse favoravelmente reflectida e se cruzasse com as expectativas populares. Acontece, ao contrário do que insinua uma tal presunção, que existe sempre uma assimetria entre essas expectativas e o resultado da acção política. Logo a princípio, quem chega ao poder, quer o tenha ocupado por astúcia, por golpe, ou por guerra, tem contra si tantos quantos desalojou para dar aos seus o lugar deles. A seguir, com o tempo irá tendo contra si a inimizade de quantos acreditaram nele mas cujas expectativas foi, entretanto, gorando. E não há regra de actuação ou virtude tipificada que contrarie esta inevitabilidade de a política gerar inimigos. Tanto o hábito de fazer o bem como o hábito de fazer o mal, ao cristalizarem num modo de actuar, incapacitam o agente para a mudança dos tempos. O impetuoso cai quando chegam tempos em que seria recomendável a prudência. O prudente cai, assim que a ocasião deixa de ser propícia a grandes cautelas e exige, pelo contrário, decisões abruptas. Contra uma convicção bastante arreigada, Maquiavel não perfilha a substituição do «bom príncipe» pelo «príncipe hábil». Bondade ou habilidade, ao cristalizarem em hábitos, tornam impossível o mudar sempre que os tempos mudam. O hábito, como segundo natureza, molda uma maneira de agir e, nessa medida, reduz a capacidade

---

[34] Cf. cap. XV.

de improvisação e adaptação. Ora, a política é por definição uma actividade que se defronta irremediavelmente com a novidade, uma vez que a mudança dos tempos é inevitável: ou se é capaz de os mudar ou há um outro que os muda, ou se triunfa ou se perde. E para triunfar é preciso aquilo que Maquiavel chama uma virtude extraordinária, literalmente fora do que de ordinário acontece.

A preparação ideal do político torna-se por isso algo de quase impossível. Para corresponder à polimorfia dos tempos, não lhe basta adquirir uma natureza versátil, é necessário adquirir uma variedade de naturezas, uma identidade proteiforme, aprendendo a poder ser meio homem, meio besta e, na metade besta, meio raposa e meio leão. Se adquirir unicamente os hábitos e virtudes que tudo indica o tornarão estimado pelo povo, acabará fatalmente vencido, porque os sentimentos populares, o ponto de vista pelo qual é olhado, são instáveis. Além de que, bem vistas as coisas, o seu verdadeiro fim é conquistar e manter o estado, verdadeira virtude política. Tudo o mais, se é piedoso ou cruel, valente ou efeminado, interessa apenas na medida em que contribui para esse fim. E muitas vezes nem sequer é o ser estimado o que mais contribui para tal. Submeter-se integralmente à pauta de valores por onde se rege a avaliação dos grandes e do povo é deitar-se a perder, a si e ao estado, uma vez que, no seu conjunto, além de serem volúveis, são incapazes de uma apreciação acima dos interesses de cada um. Daí que Maquiavel sustente, no início do capítulo XVII, esse verdadeiro paradoxo da política que é reconhecer que a crueldade de César Bórgia, ao reconquistar e pacificar a Romanha, foi mais piedosa que a piedade dos florentinos, ao levar Pistóia à destruição e a todo o rol de crueldades que se seguiram na cidade.

A virtude política, em suma, consiste não só em ostentar virtudes, verdadeiras ou falsas, mas acima de tudo em condicionar os modos de ser avaliado, em ser actor e ao mesmo tempo encenador. Fernando de Aragão preocupou-se em ter os seus barões sempre ocupados com novas guerras, não hesitando, para as sustentar, em recorrer à «piedosa crueldade» que foi a perseguição dos marranos, só para que deste modo aqueles não tivessem tempo de pensar em «inovações». Dominar a cena é também dominar o tempo, determinar aquilo em que os súbditos pensam, chamando a si próprio todo o poder de inovar, ou seja, submetendo a mudança à sua vontade, eliminando o mais possível o factor surpresa e, em última instância, reconhecendo que o que se chama «determinismo da história» não é senão sintoma da sua impotência. A política exige esta arte de dominar os sinais e os modos da sua recepção, arte que é sempre uma virtude extraordinária, pois de ordinário os homens crêem que o modo como devem aparecer e os sinais que devem dar são aqueles que antes colheram aplauso, negligenciando por completo a variação dos tempos. Mais do que uma arte da aparência, a qual se limitaria a exibir sinais das virtudes requeridas pela moral e pelos costumes, a política é a arte de se recriar constantemente a si mesmo, por forma a criar à sua volta a equação de medo e estima que delineia a mudança e vence a fortuna, sem se deter perante qualquer princípio ou norma que não sejam os ditados por essa lógica da conquista e manutenção do estado.

Perigo, decadência e *virtù*: Raymond Aron, leitor de Maquiavel

MIGUEL MORGADO

MIGUEL MORGADO é licenciado em Economia pela Faculdade de Ciências Económicas e Empresariais da Universidade Católica. É mestre e doutor em Ciência Política pelo Instituto de Estudos Políticos da Universidade Católica, no qual desenvolve a sua actividade profissional como Professor Auxiliar. Foi Professor Convidado da Universidade de Toronto, Departamento de Ciência Política (2008) e Palestrante Convidado da Universidade de Indiana, Departamento de Ciência Política (2008). É autor de numerosos artigos em revistas nacionais e internacionais. De John Locke, traduziu, prefaciou e anotou *Dois Tratados do Governo Civil* (Lisboa, Edições 70, 2006); de Francis Bacon, traduziu, introduziu e anotou *Nova Atlântida e a Grande Instauração* (Lisboa, Edições 70, 2008); de Leo Strauss, traduziu, introduziu e anotou *Direito Natural e História* (Lisboa, Edições 70, 2009). Em 2008 publicou *A Aristocracia e os seus Críticos* (Lisboa, Edições 70). Em 2010 publicou *Autoridade* (Fundação Francisco Manuel dos Santos, Lisboa). Actualmente é assessor político do Primeiro-Ministro Pedro Passos Coelho.

Perigo, decadência e *virtù*: Raymond Aron, leitor de Maquiavel

MIGUEL MORGADO

> *Mais congruente com os factos é pensar que não existe progresso seguro, não existe evolução, sem a ameaça da involução e do retrocesso. Tudo, tudo é possível na história – tanto o progresso triunfal e indefinido como o retrocesso periódico. Porque a vida, individual ou colectiva, pessoal ou histórica, é a única entidade do universo cuja substância é o perigo. A vida é composta por incidentes. É, para falar com rigor, drama.*
>
> ORTEGA Y GASSET[1]

Raymond Aron foi um dentre vários pensadores que se destacaram pela consciência (no caso de Aron, com doses abundantes de melancolia) da fragilidade daquilo que chamamos "civilização". Hoje podemos suspeitar da relevância de tamanha palavra, "civilização". O que é a civilização? Nas palavras de um grande contemporâneo de Aron, "o termo civilização designa simultaneamente o processo de

---

[1] *La rebelión de las masas*, (Madrid: Alianza Editorial, 1995), p. 102.

converter um homem num cidadão, e não num escravo; um habitante de cidades, e não um rústico; um amante da paz, e não da guerra; um ser polido, e não um rufia"; trata-se do "cultivo consciente da humanidade, quer dizer, o que faz de um ser humano um ser humano". Civilização é essencialmente o "cultivo consciente da razão". Portanto, os "pilares gémeos" da civilização são a razão teorética e prática, ou a "ciência" e a "moral"[2]. A "civilização" parece, então, digna de protecção; parece ser o bem que permite o gozo de todos os outros bens. Parece ser uma outra palavra para as condições que permitem a vida boa. Aron poderia acrescentar que a liberdade, designadamente "as liberdades de que usufruímos no Ocidente", é um dos principais elementos da civilização. As liberdades democráticas e liberais, ou Ocidentais, são na realidade as "aquisições" "mais preciosas da humanidade"; mas também são as suas mais "ténues" aquisições[3]. Ameaçada por perigos nunca inteiramente eliminados, a "civilização", que abriga e protege o homem, depende do cuidado constante e de uma disposição sempre realista. Confrontar a realidade significa compreender que as soluções humanas para problemas humanos, quer nos dirijamos ao problema "técnico", ao problema "político" ou ao problema "económico", são sempre imperfeitas e provisórias. Muito frequentemente, essas soluções incorporam em si mesmas contradições mais ou menos instáveis, algo que mais tarde ou mais cedo se torna numa ameaça para as instituições que representavam o que se pensava ser a solução definitiva. O esquecimento do perigo ou o esquecimento da ameaça enquanto tal pode dever-se a confiança excessiva, a apatia anómica, ou a um processo de desvalorização das estruturas civilizacionais

---

[2] Leo Strauss, "German Nihilism", *Interpretation*, Primavera 1999, vol. 26, no. 3, p. 365.
[3] Cf. *In Defense of Decadent Europe*, trad. inglesa Stephen Cox (New Brunswick: Transaction Publishers, 1996), p. xxviii.

(o que alguém como Ortega y Gasset chamaria "ingratidão"), o que por sua vez pode ser posto em marcha por experiências traumáticas ou por ondas de má consciência. Mas seja qual for a sua origem ou explicação psicológica, o esquecimento do perigo, em termos políticos, é sempre um sinónimo de crise. Aron gostava de citar (o seu antigo professor) Alain: "a civilização é uma fibra fina que pode ser rasgada com um só golpe; e a barbárie entra pela brecha"[4]. Todas as sociedades, sejam elas "pluralistas" ou "não-pluralistas", "incorporam elementos de fraqueza"[5]. A civilização requer cuidado, só com grandes dificuldades resiste à ingratidão e morre às mãos do desprezo. Acima de tudo, sem "vitalidade histórica", isto é, sem a capacidade e vontade de identificar e aceitar a inevitabilidade do inimigo, os regimes políticos, nomeadamente os regimes moderados, colocam em risco a sua sobrevivência.

Ora o perigo tem de ser confrontado, não de forma exclusiva, é certo, mas ainda assim, inevitavelmente, com o uso do poder. Ou talvez mais rigorosamente: o perigo tem de ser confrontado com a disponibilidade de usar o poder. Sublinhe-se que Aron não era cego perante os usos indevidos do poder; pelo contrário, falou muito eloquentemente dos usos indevidos do poder mesmo pelos homens mais bem intencionados. Contudo, Aron sabia que a política implica o uso do poder. A existência política enquanto tal implica o uso do poder contra inimigos. Uma parte importante da ética da responsabilidade de Max Weber, que Aron tinha em grande consideração, dizia que o *dictum* "não resistas ao mal pela força" tinha de ser recusado como apolítico. O estadista responsável tem outrossim de dizer "deves resistir ao mal pela força, de outro modo és respon-

---

[4] *Memoirs. Fifty Years of Political Reflection*, trad. inglesa George Holoch (New York: Holmes and Meier, 1990), p. 452.

[5] *La révolution introuvable. Réflexions sur les événements de Mai*, (Paris: Fayard, 1968), pp. 15, 45.

sável pelo seu triunfo"[6], ou, como Maquiavel diria, "nunca se deve tolerar a persistência de um mal por considerações de um bem quando esse bem pode facilmente ser varrido por esse mal"[7]. A porção de bem e mal no mundo não muda de acordo com os nossos sonhos. O mal tem de ser combatido com a palavra e, infelizmente, por vezes com a espada. A luta contra o mal tem de ser equilibrada, por um lado, pelo conhecimento de que os "antagonismos" nunca serão eliminados, e, por outro lado, pela crença de que o pior é possível, mas nem sempre é "certo". Alguns leitores de Aron poderão suspeitar do uso da palavra "mal". Afinal, Aron argumentou que a "política nunca é um conflito entre o bem e o mal". Porém, ao dizer que a "política nunca é um conflito entre o bem e o mal", Aron não queria implicar que a política fosse simplesmente imoral ou que a moral estivesse radicalmente separada da política. Queria antes avançar que o conflito político nunca incide sobre causas "puras", e que as batalhas políticas são "equívocas". Dado que a política, em particular a política externa, é sempre conflito, é inevitável que penetrem elementos de imoralidade. As causas "puras" têm de se conciliar e comprometer com a realidade. Assim, a política torna-se numa "escolha entre o preferível e o detestável". Mas a distinção entre o "preferível" e o "detestável", apesar de ser em parte contingente, está solidamente assente no que é mau e no que não o é. Poder-se-ia dizer, como Hobbes, que embora o *summum bonum* esteja, do ponto de vista metafísico, epistemológico e político, cercado por grandes dificuldades, é pelo menos possível concordar quanto ao que é o *summum malum*. O fundamento para que saibamos o que, na situação concreta, é "preferível" e o que é "detestável" não é

---

[6] Cf. Max Weber, *Le Savant et le Politique*, Raymond Aron, ed. (Paris: Librairie Plon, 1959), p. 170. Note-se o exemplo do "pacifista" descrito por Weber.

[7] Maquiavel, *Discorsi*, III.3.

arbitrária, nem é uma questão de pura conveniência. É a isto que Aron chama "pensar e agir politicamente"[8].

Durante a Guerra Fria, Aron reflectiu sobre a situação da Europa, e começou por questionar a adequação de palavras como "declínio" e "decadência" para descrevê--la. O "declínio" é, digamos assim, mais neutral[9]. Parece limitar-se a registar com frieza uma redução no poder relativa ou uma redução no "contributo de uma colectividade para as grandes obras da humanidade". O "declínio" é um conceito que se submete a determinações quantitativas. Durante a Guerra Fria podia-se argumentar que a Europa Ocidental estava em declínio, mas também era plausível argumentar que *não* estava em declínio. Por exemplo, na década de 70, do ponto de vista da demografia ou da força militar, a Europa Ocidental estava em inquestionável declínio. Mas não era evidente que estivesse em declínio do ponto de vista da prosperidade económica. Enquanto conceito, "declínio" não era inútil, mas parecia que não conseguia reproduzir a realidade da Europa. Enquanto conceito, "declínio" é "inteiramente relativo"[10]. Outro termo que poderia ser aplicado é, claro está, "decadência". O que é a "decadência"? Em vez de fornecer uma resposta pronta, Aron preferiu recorrer a Maquiavel, um dos pensadores por excelência da "decadência" e do "renascimento". À questão "o que é a decadência"?, Aron respondeu: "Maquiavel teria respondido: é a perda de *virtù*, ou a perda de vitalidade histórica". "Decadência" significa, portanto, perda de *virtù* ou vitalidade histórica. De acordo com Aron, a *virtù* de Maquiavel significa "a capacidade para a acção colectiva e a vitalidade histórica"; na verdade, a *virtù* é "a causa derradeira da fortuna das nações e da sua ascensão

---

[8] *Thinking Politically. A Liberal in the Age of Ideology*, trad. inglesa James McIntosh, Marie McIntosh (New Brunswick: Transaction Publishers, 1997), pp. 242-243.

[9] Cf. *In Defense of Decadent Europe*, p. xxv.

[10] *Memoirs*, p. 424.

e queda"[11]. Pensando na Inglaterra no final dos anos 70, Aron fazia a "decadência" implicar a "incapacidade de uma nação para sacudir a sua indolência"[12]. A "decadência", em contraste com o "declínio", envolve juízos de valor fortes.

Mesmo no final de *Em Defesa da Europa Decadente*, Aron concluía: "Mas não é suficiente rejeitar a servidão: também é preciso reconhecer os perigos e enfrentá-los"[13]. Note-se que Aron enfatizava a necessidade de reconhecer o perigo *e* a vontade (assim como a capacidade) de enfrentá-lo. Quando perguntaram a Aron se ainda existia na Europa "resolução colectiva", ele respondeu sem rodeios: «já não"[14]. A crise da Europa tem muitas faces e é complexa, mas um dos seus elementos é, segundo Aron, a perda de "resolução colectiva", de "vitalidade histórica", de consciência do perigo, de disponibilidade para enfrentar o perigo; numa palavra, a Europa não tem *virtù*. Talvez soe estranho a nós Europeus, que nos orgulhamos de termos sido curados do Maquiavelismo, como diria Montesquieu[15], aprender que sofremos de escassez de Maquiavelismo.

Mas mencionar o *Maquiavelismo* é uma coisa; confrontar o *pensamento de Maquiavel* pode ser uma outra bem diferente. Aron nunca confundiu o pensamento complexo e aberto de Maquiavel com o Maquiavelismo "vulgar", que é a doutrina retirada dos seus escritos pelos "discípulos infiéis" de Maquiavel. Mesmo se quisermos insistir no Maquiavelismo ainda existe uma diferença inteligível e moral entre um "Maquiavelismo civilizado" e os "discípulos vulgares de Maquiavel"[16]. Desde o século XVI que o Maquiavelismo "vul-

---

[11] *In Defense of Decadent Europe*, p. xxvii.
[12] *Memoirs*, p. 424.
[13] *In Defense of Decadent Europe*, p. 263.
[14] *Thinking Politically*, p. 245.
[15] Cf. *De l'Esprit des Lois*, XXI.20.
[16] *Machiavel et les tyrannies modernes*, (Paris: Éditions de Fallois, 1993, pp. 60-61; *Peace and War. A Theory of International Relations*, (New Brunswick: Transaction Publishers, 2003), pp. 298, 609.

gar" tem gozado de uma bem sucedida carreira na Europa. Foi usado para promover uma concepção de política que reivindica a distinção necessária entre líderes e massas, revela desprezo pelo povo, permite-lhe apenas obediência passiva, e apresenta o poder como o único fim de todos os meios à disposição do(s) governante(s). Afirma o direito de governar em favor, não dos que são intelectual ou moralmente superiores, mas dos que têm uma superior "capacidade para a violência". Assim que o seu primeiro impulso se faz sentir, o Maquiavelismo "vulgar" representa a "indiferença perante valores espirituais"; mas com a compreensão de todas as suas consequências, proclama uma brutal inversão da "escala de valores tradicional". Subjacente à sua concepção de política, está uma concepção da história sem "sentido" ou "fim", guiada apenas pela força. A força na história manifesta-se através da luta mortal entre os homens, e acima de tudo "entre povos". Em termos práticos, o Maquiavelismo "vulgar" não é mais do que uma "técnica do poder" ao serviço do domínio interno, mas também da "conquista imperial". Por outras palavras, o Maquiavelismo "vulgar" tem sido usado como uma teoria legitimadora da *tirania*. Enquanto tiranias imperiais, o comunismo, o nacional-socialismo, o fascismo, podem ser vistos como herdeiros óbvios dos Maquiavélicos "vulgares".

Embora Aron soubesse perfeitamente que é preciso separar o pensamento de Maquiavel daquilo que os seus discípulos "vulgares" daí retiraram, ele não ignorava que a "resposta clássica" ao Maquiavelismo "vulgar" é insuficiente. Não basta responder que a "técnica da tirania não é equivalente ao elogio da tirania". Não se resolve as ambiguidades de Maquiavel, nem se compreende o seu estranho legado, apresentando esta resposta "logicamente incontestável", mas insatisfatória.[17] Não se pode negar que Maquiavel se dirigiu, não exclusivamente é certo, a tiranos. Todos os

---

[17] *Machiavel et les tyrannies modernes*, pp. 72, 120, 121, 75.

leitores de Maquiavel sabem que ser "conselheiro do Príncipe" é também ser um conselheiro de tiranos[18]. A república livre colhia a preferência de Maquiavel, mas a necessidade da tirania em política era considerada inevitável, em particular quando a legitimidade se torna numa noção nebulosa. Os inimigos da liberdade do século XX podem ser chamados "Maquiavélicos" porque herdaram aquilo a que Aron denominou uma "attitude" maquiavélica, isto é, eles "conceberam espontaneamente a política numa modalidade Maquiavélica"[19]. Mas eram os filhos do Maquiavelismo extremista – e também "vulgar". Há uma outra maneira de aprender com Maquiavel, e assim adquirir um profundo sentido da realidade política: uma maneira que pressupõe uma leitura *crítica* de Maquiavel, tornando mais moderados ou "civilizados" os ensinamentos do filósofo florentino, o que gera importantes reflexões acerca do mundo político, para não mencionar a protecção contra "ilusões" e profetismos[20].

A diferença entre o Maquiavelismo "absoluto" e "moderado" converte-se no principal aspecto da crítica de Aron à concepção da política avançada por Jacques Maritain. Em *The End of Machiavellianism*, Maritain apelara, por várias razões morais e políticas, ao fim de *toda a forma* de Maquiavelismo. Aron concordava que o Maquiavelismo "absoluto", com a sua ênfase na procura do poder enquanto objectivo único da política, conduzia à idolatria do Estado, a qual produz inevitavelmente o Estado ilimitado, o que por sua vez tem como resultado a violação dos direitos individuais. O Maquiavelismo "absoluto", dizia Aron concordando com Maritain, não resiste sem deslizar para uma espécie de niilismo que nega todas as dimensões da realidade que não

---

[18] Cf. "Machiavel et Marx" in *Machiavel et les tyrannies modernes*, p. 262.
[19] [René Avord], "Le Machiavélisme, doctrine des tyrannies modernes" in *Machiavel et les tyrannies modernes*, p. 194.
[20] See "Machiavel et Marx", p. 273.

sejam reconhecidas como condições do poder ou como objectos do poder. Abre a porta a uma fúria de violência e declara que todas as guerras sejam guerras de extermínio ou, nas condições da sociedade moderna, guerras totais[21]. Mas este acordo específico com a visão da política de Maritain não evitou que Aron criticasse o seu "optimismo ingénuo" a respeito das realidades práticas do mando. É ingénuo esperar que a responsabilidade do estadista perante a sua comunidade possa ser assumida sem recurso a métodos duvidosos. A boa intenção de rejeitar o Maquiavelismo não é suficiente para o estadista que nunca terá uma "livre escolha de meios". As condições fundamentais da acção política juntamente com a imperfeição da natureza combinam-se para negar a coerência eterna da eficácia e dos imperativos morais. É impossível aplicar uma regra moral genérica no que concerne ao uso de meios políticos duvidosos. A determinação do que separa a força legítima da força ilegítima, o engano legítimo do engano ilegítimo, depende da "análise dos casos particulares", através de uma "espécie de casuística de moral política". Poderia ser avançado que a necessidade de determinar uma linha de fronteira tão delicada aparece com toda a acuidade nas "situações extremas"; a vida política "normal" não decorre em torno de "males necessários". Aron concordaria. Mas indicaria o triste facto de que é "muito difícil encontrar momentos em

---

[21] Aron reconhecia que o pensamento de Maquiavel era directamente responsável por alguns dos traços do maquiavelismo "absoluto" ou extremista. Em particular, Aron era muito crítico de uma filosofia que não reconhecia dimensões ulteriores da vida humana para além do politico. Na teoria de Maquiavel, "o que é essencial é não só a consideração amoral dos meios políticos, nem a sugestão aberta da necessidade de meios imorais, mas a extensão do pragmatismo ao todo da realidade humana, por essa via reduzida ao estatuto de meio. Meios em vista de quê? Da ordem social, em si mesma um meio de poder. Mas este poder dos Estados, tende para que fim? Não tendo qualquer fim para além de si mesmo, será que a política não perde o seu sentido?" (*Machiavel et les tyrannies modernes*, p. 82).

que não há situações extremas". De mais a mais, Aron notaria que aceitar as diferentes exigências das situações "extremas" e "normais", independentemente da sua frequência relativa, equivale a aceitar pelo menos a relevância ocasional do Maquiavelismo "moderado". É para o Maquiavelismo "moderado" que o estadista responsável se vira sempre que surge a situação "extrema". O estadista responsável procura proteger e garantir a "paz e o bem", mas ele não "pode esquecer o risco permanente, o risco da destruição"[22].

A aceitação da prioridade do bem comum é incontestável, desde que também seja aceite que o poder é uma "condição indispensável" da actualização do bem comum. Dadas as condições da acção política, é preciso confrontar a necessidade da aquisição do poder, enquanto *fim subordinado*, o que vale por dizer subordinado ao bem comum da comunidade. Todavia, a aquisição do poder e o seu exercício convocam diferentes métodos políticos em comparação com a tarefa política de criar a sociedade justa. Aron estava bem a par de que a contradição entre a "qualidade dos meios" e os fins morais tem os seus riscos. "É muito frequente o cinismo ao serviço do ideal degenerar no cinismo puro e simples". Esta possibilidade não deve ser subestimada, mas também não altera a realidade da existência política do homem, que nunca perde o seu carácter dramático ou trágico. E, no entanto, é isto que dá à vida política a sua "grandeza sombria": os estadistas muitas vezes agem com o uso de meios que detestam porque "acreditam, na sua alma e consciência, ser responsáveis pelo destino comum"[23]. Talvez seja isto que corresponda a ser um "discípulo liberal" de Maquiavel.

Com estas qualificações em mente, aceitemos, pois, o convite de Aron para ler Maquiavel e tomemos seriamente

---

[22] "Sur le Machiavélisme: Dialogue avec Jacques Maritain" in *Machiavel et les tyrannies modernes*, pp. 430-435.

[23] [René Avrond], "La querelle du Machiavélisme", pp. 394-395.

o diagnóstico de uma Europa com pouca ou nenhuma *virtù*.

A *virtù* de Maquiavel pode ser examinada por vários prismas. Mas eu não pretendo segui-los a todos porque tal tarefa levar-me-ia demasiado longe. Porém, permitam-me que tente oferecer uma análise da *virtù* de Maquiavel suficientemente relevante para compreender o comentário de Aron sobre a Europa. Maquiavel tornou-se famoso, entre outras razões, por distinguir de forma radical a bondade (*bontà*) da virtude (*virtù*). De acordo com Maquiavel, chamamos a algo "bom" se for feito com uma intenção benevolente, altruísta e "pura", independentemente do resultado final. O "bom" acto decorre da preocupação de simetria moral entre os meios e os fins. Para que um homem seja considerado "bom" não pode comprometer os seus fins com meios duvidosos. Ele tem de se abstrair, digamos assim, dos imperativos da eficácia. Para o homem "bom", o bem é sempre mais útil e mais conveniente. É o homem "mau" que separa estas categorias, e depois escolhe a conveniência em detrimento da "bondade". Mas como disse Maquiavel, "a maneira como se vive está tão afastada da maneira como se deveria viver que aquele que deixa aquilo que se faz por aquilo que deveria fazer-se aprende mais a perder-se do que a salvar-se, porque um homem que queira em tudo professar o bem arruína-se entre tantos que não são bons. Daí ser necessário a um príncipe, para poder preservar-se, aprender a poder não ser bom e a usar ou não usar desse conhecimento consoante a necessidade"[24]. A realidade da necessidade é incompatível com a "bondade" constante e universal. No mundo da necessidade vincular-se às regras da bondade é convidar o desastre. É a própria "condição humana" que proíbe que se viva de acordo com todas as boas qualidades que a vida da bondade exige. Na obra de Maquiavel, de modo a pensarmos

---

[24] Maquiavel, *Il Príncipe*, XV.

politicamente, é preciso "pressupor que todos os homens são maus e dispostos a exercer a sua malícia nas suas mentes sempre que a oportunidade lhes dá rédea livre"[25]. No mundo da necessidade, é necessário algo mais adequado e feroz do que a bondade. A *virtù* é necessária como forma de responder *afirmativamente* à necessidade. Penso que não estarei muito longe da verdade se disser que, para Maquiavel, "necessidade" pode ser entendida como uma outra palavra para "perigo". Mas talvez seja mais seguro dizer que a necessidade não surge sem trazer perigo[26]. Para Maquiavel, a *virtù* é a única resposta adequada ao perigo. Quando o perigo não é oposto pela *virtù*, arrasta consigo a servidão e a destruição.

A *virtù* é uma espécie de sabedoria prática, ou para evitar confusões, de sabedoria política. Trata-se de uma qualidade da acção. É pela acção que se mostra a nossa *virtù*. Mas se Maquiavel usou a palavra *virtù* para denotar a sabedoria política na acção, então somos forçados a concluir que abrange não só a acção orgulhosa e corajosa, mas também a acção capciosa. Os príncipes "virtuosos" são os que são tanto o "leão" como a "raposa". Se se deve ser leão ou raposa depende das circunstâncias. Mas de modo a compreender se as circunstâncias requerem um ou outro animal é solicitada a capacidade de ler correctamente as circunstâncias. A *virtù*, portanto, providencia também uma hermenêutica da realidade. Os príncipes virtuosos reconhecem a sua ocasião ou oportunidade. A v*irtù* é a capacidade de conhecer os tempos em que vivemos, as suas oportunidades e os seus perigos. A *virtù* não só permite identificar correctamente as oportunidades e os perigos, como é também a energia (ou "vitalidade") criativa que é precisa de forma a responder às oportunidades e perigos[27]. Mas é importante

---

[25] Maquiavel, *Discorsi*, I.3.
[26] *Discorsi*, I.2.
[27] *Il Principe*, XVIII, VI; *Discorsi*, II.13, 29.

referir que a *virtù* não é nem fúria, nem frenesim bélico; é apenas a aceitação da guerra, e das virtudes guerreiras, *quando não há outra alternativa à guerra*. A fúria é desproporcionada, irracional, inequivocamente violenta, estéril, cega e bárbara; a *virtù* é disciplinada, equilibrada, razoável, fecunda, ciosa das consequências e prudente[28]. Não obstante, se o perigo é, por definição, violento e ameaçador, e se a *virtù* é a única resposta adequada ao perigo, então a *virtù* é também uma disposição para a violência, ou antes, para a violência disciplinada.

Nenhum de nós pode saber o que diria Maquiavel acerca da Europa contemporânea, pois Maquiavel já não está vivo. Mas todos sabemos que Aron lamentava a ausência de *virtù* na Europa contemporânea. Maquiavel concordaria com Aron? Ninguém pode dar uma resposta definitiva. Mas nós sabemos o que Maquiavel disse do desgraçado Piero Soderini. Na verdade, o retrato de Soderini feito por Maquiavel capta alguns dos traços que podem ser associados a uma Europa sem *virtù*: "[Soderini] acreditava que com tempo, com bondade, com a sua boa fortuna, e com a distribuição de benfeitorias por alguns, ele podia eliminar a inveja; (...) acreditava que podia sujeitar os restantes homens que se lhe opunham por inveja sem quaisquer perturbações, violência e protesto. Ele não sabia que o tempo não espera por ninguém, que a bondade não basta, que a fortuna muda, e que a má-vontade não tem presentes que a aplaquem"[29].

A perda da "vitalidade histórica" tem uma consequência política imediata, e que é a perda da resolução ou firmeza. De acordo com Maquiavel, "a pior qualidade das repúblicas é a sua irresolução, de modo que qualquer medida que tomem, fazem-no por necessidade", e seja qual for o bem que acabe por ser realizado resulta sempre da "necessi-

---

[28] Cf. *Discorsi*, III.36.
[29] *Discorsi*, III.30. See also, III.3.

dade", e não da "sabedoria"[30]. Em política, como na vida, não existe uma não-escolha; mesmo quando recusamos escolher, já está feita a nossa escolha. Mas Maquiavel tentou alertar-nos que a tendência para não escolher, ou para retardar a escolha até não haver alternativas, é fatal. Por vezes, odiamos a exclusividade de uma dada escolha, isto é, o facto de ao decidir um determinado caminho se excluir todos os outros caminhos possíveis. Neste caso, segundo Maquiavel, o pior que se pode fazer é tentar seguir ambos os caminhos, isto é, tentar prosseguir uma via irresoluta que aparentemente não exclui outros fins. Mas decisões desse calibre não passam de outras tantas manifestações de irresolução. Recordemos a admoestação que Aron fez à política da Europa durante os anos de 1970 de permanecer aliada da América e de aproximar a União Soviética numa relação amigável. De um modo maquiavélico poder-se-ia dizer que a política da Europa apenas conseguiria designar à suspeita do seu aliado e ao desprezo do seu inimigo; aquele começava a perder a confiança e este nunca respeitaria cuja fraqueza estrutural fosse tão patente[31]. Decisões desta estirpe, diria Maquiavel, "surgem ou da fraqueza da coragem e das armas ou da má vontade dos que têm de decidir"[32].

Maquiavel recomendou um remédio para a "renovação" de comunidades políticas ameaçadas pela "decadência". Uma república "tem de ser levada frequentemente aos seus princípios" Maquiavel queria indicar a necessidade de uma comunidade política ser levada às suas origens de modo a levar a cabo a sua "renovação". Ser levado de volta às "origens" ou aos "princípios" significa recordar as coisas boas que foram incorporadas em cada comunidade nas suas "origens", e que foram inscritas como "princípios", e depois agir de acordo com essa recuperação e redescoberta. De

---

[30] Ibid., I.38.
[31] Compare *Discorsi*, II.14.
[32] Ibid., II.15.

mais a mais, Maquiavel sublinhava que, de forma a combater a "corrupção" ou "decadência", o retorno aos princípios implica retomar a consciência do perigo. Porque a memória do perigo se desvanece é que é preciso recuperá-la politicamente. De outro modo, homens esquecidos tornar-se-ão homens "ociosos"[33]. Será que a Europa contemporânea precisa retornar aos seus princípios a fim de recuperar a "vitalidade histórica" ou *virtù*? Mas Maquiavel faz a Europa desesperar, pois para que se proceda a um retorno aos princípios, a comunidade, ou pelo menos alguns dos seus cidadãos, têm já de possuir alguma *virtù*. Assim, a Europa parece estar apertada entre a sua falta de *virtù* e a falta de vontade e capacidade de superar a falta de *virtù*.

Para muitas pessoas, a perda de *virtù* não parece ser grande prejuízo; pode até aparecer como sinal de "progresso" moral. Afinal, há muito que renunciámos à política dos heróis. Aron, um pensador de impecáveis credenciais liberais e democráticas, sabia que a democracia é o único regime que "confessa", ou antes, que "proclama que a história dos Estados é e deve ser escrita não em verso mas em prosa"[34]. No pensamento de Aron, esta característica liberal-democrática constitui um preciosíssimo antídoto contra a política do lirismo. É um elemento importante de sobriedade da política, que consiste num domínio da actividade humana em que a interferência da "poesia" e das "exaltações líricas" gera necessariamente efeitos catastróficos. Mas, como tantas vezes argumentou Aron, a política liberal-democrática está sempre ameaçada. Para que possamos usufruir das liberdades que a nossa civilização orgulhosamente reivindica elas precisam ser defendidas. A liberdade precisa de *virtù*. Contudo, a Europa dos anos 1970 estava "reduzida ao gozo do seu bem-estar e das suas liberdades", já que era "incapaz de se defender" e "não

---

[33] Ibid., III.1, 22. The Italian word *principio* is somewhat ambiguous.
[34] Introdução a Max Weber, *Le Savant et le Politique*, p. 23.

tinha nenhum grande plano em comum". Acima de tudo, a Europa era descrita como uma sociedade "hedonista", isto é, uma sociedade de gozo do prazer centrado no indivíduo. Neste sentido específico, uma sociedade hedonista é uma sociedade em que os indivíduos se dedicam por inteiro ao gozo privado dos seus prazeres e prosseguem as suas próprias concepções de felicidade. Mas porque uma socidade assim tende a tornar-se obcecada com o momento presente e a "perder o interesse no futuro", Aron pensava que desse modo se "condenaria a si mesma à morte". Apesar de ser a patria do historicismo, a Europa parece viver naquilo que se poderia chamar o "presente eterno": sente desconforto com o seu passado e mantém-se numa relação indiferente com o seu futuro. Ironicamente, a consciência comum Europeia é avessa à razão histórica sempre que tem de confrontar os seus desafios mais urgentes. Perdido no momento absoluto do presente, a Europa pergunta a alguém que questione a sua capacidade de renovação: *o que temos nós para nos fornecer os recursos necessários para a renovação? O que há para renovar? Em vista de quê se deve efectuar esta putativa renovação?* Uma moralidade total de prazer e felicidade individual, sem consideração por "virtudes cívicas" coloca, nas palavras de Aron, "a sobrevivência em dúvida". Entendida desta maneira, a vida "hedonista" parece desempenhar um papel análogo ao da "ociosidade" em Maquiavel. A "ociosidade" é a condição dos homens que são incapazes de *virtù*. Uma vida fácil sem esforço politico de *criação* de hábitos de sacrifício e dever gera "ociosidade". Para equilibrar a tendência para a "ociosidade" gerada por circunstâncias muito benevolentes, é preciso criar um outro conjunto de circunstâncias que contrariem e anulem esses efeitos malignos[35]. Homens "ociosos" são homens efeminados; são presas fáceis de inimigos e tiranos[36].

---

[35] Machiavelli, *Discorsi*, I.1, 3.
[36] Ibid., I.6.

Como vimos, a *Virtù* é o contrário de "ociosidade". Enquanto a "ociosidade" torna os homens fracos, a *virtù* faz deles bons defensores da liberdade[37]. Ora uma sociedade radicalmente hedonista e individualista não só torna cada vez mais dolorosa a aceitação das "virtudes cívicas", mas cria também um ambiente social fortemente despolitizado. Os deveres cívicos, que implicam algum sacrifício do gozo do prazer centrado no indivíduo, constituem uma rememoração de que o homem também cidadão, e que tem de estar pronto a "combater de forma a conservar a oportunidade de gozar os seus prazeres e a sua felicidade". Virtudes cívicas, deveres cívicos, tradições cívicas, constituem um equipamento moral indispensável que permite aos homens tornarem-se cidadãos genuínos. A Europa arrisca-se a transformar-se, não numa comunidade política, o que pressuporia um entendimento do que é comum, o que pressuporia um bem comum actualizado através dalguma forma de "acção colectiva", mas antes um conjunto de indivíduos privados portadores de direitos sem deveres correlativos para além da evidente obrigação de pagar impostos elevados. Se a Europa, disse Aron, se tornou numa sociedade radicalmente hedonista e individualista, então somos simultaneamente "brilhantes e decadentes"[38]. Como Maquiavel sempre avisou, "um povo inteiramente permeado pela corrupção não pode viver livre"[39]. Até os Romanos "ficaram cada vez mais seguros da sua liberdade e pensaram que já não tinham inimigos a recear"[40].

---

[37] Ibid., II.2.
[38] *Thinking Politically*, p. 247.
[39] Machiavelli, *Discorsi*, I.16.
[40] Ibid., I.18.

Maquiavel entre dois mundos

LUÍS SALGADO DE MATOS

LUÍS SALGADO DE MATOS é licenciado em Direito pela Faculdade de Direito da Universidade de Lisboa, fez um Diplôme d'Études Approfondies em Análise Comparativa de Sistemas Políticos na Sorbonne, é Doutor em Sociologia Política pela Universidade de Lisboa e Agregado em Instituições Políticas pela Universidade Nova de Lisboa. É membro do Instituto de Ciências Sociais (ICS) da Universidade de Lisboa. Coordena o projecto de investigação «A Igreja Católica e o Estado Português no Século xx: Os Cardeais Mendes Belo (1906-1928), Gonçalves Cerejeira (1928-1972), António Ribeiro (1972-1998) e a República Portuguesa», uma parceria entre o Instituto de Ciências Sociais e o Centro de Estudos de História Religiosa da Universidade Católica Portuguesa. Entre a sua vasta produção científica, destacam-se as obras *As Forças Armadas em Tempo de Mudança* (Cosmos, 2001), *O Estado de Ordens* (Instituto de Ciências Sociais, 2004), *Como Evitar Golpes Militares* (Instituto de Ciências Sociais, 2008), *Tudo o que sempre quis saber sobre a primeira república em 37 mil palavras* (Instituto de Ciências Sociais, 2010) e *A separação do Estado e da Igreja* (Dom Quixote, 2011).

Maquiavel entre dois mundos

LUÍS SALGADO DE MATOS

Quase cinco séculos depois, Maquiavel é actual. Do ponto de vista quantitativo, em primeiro lugar. Um conhecido motor de busca na WWW, dá-lhe em Setembro de 2007 cerca de 1,1 milhão de entradas, para "Machiavel" (inglês, francês, italiano, alemão) e «Maquiavel» (português e castelhano). É quase tanto como "Alexis de Tocqueville". É mais de metade de "John Locke", o grande inspirador filosófico da Revolução Americana, e um pouco menos de um terço de "Karl Marx", que teve por si a Revolução russa e ainda tem a chinesa e a cubana.

Maquiavel também é actual do ponto de vista qualitativo. O qualificado filósofo do poder operário da revolução italiana dos anos de chumbo, invoca-o para substituir Marx como teórico da revolução: o «proletariado» do sábio renano é substituído como agente revolucionário pela «multidão», conceito atribuído ao secretário florentino (Hardt, Negri, 2002; Penteado, 2005).

Nem o indicador quantitativo nem o qualitativo são infalíveis mas ambos confirmam o nosso saber comum de professores, alunos e leitores de filosofia política do século XXI: Maquiavel é actual. Já nos faltam indicadores para saber se continua a ser verdadeira a observação de Isaiah

Berlin: Maquiavel é estudado «pelos mais formidáveis homens de acção, dos últimos cinco séculos, homens aliás pouco viciados na leitura de textos clássicos» (4 de Novembro de 1971; no texto: «quatro séculos»). Talvez. Nem temos que o averiguar, nesta sede: a eventual perda deste segmento do mercado diminuir-lhe-ia a influência a curto prazo mas não lhe empanaria a actualidade.

Para identificarmos a actualidade de Maquiavel, devemos ver o julgamento dele pelo pensamento contemporâneo. Depois, sempre em forma ensaística, propor-nos--emos identificar essa actualidade que só pode ser uma novidade, uma originalidade. Cuidaremos de dois tópicos: era original a cisão entre a política e a ética? Há alguma inovação téorica substantiva no seu ensino? Sustentaremos que o Secretário Florentino só ensinou maldades velhas aos políticos mas desenvolveu a primeira teoria da acção social, a qual contribuiu poderosamente para lançar as certezas prometeicas da modernidade: a acção humana é toda poderosa, a organização política basta-se a si própria e, no fundo, Leviatã é o único Deus.

O pensamento contemporâneo julga Maquiavel

Podemos arrumar em dois grandes grupos as interpretações de Maquiavel perante a modernidade: para uns, ele é «a fonte da modernidade política e da autonomia do político»; para outros, é um elemento do Renascimento italiano, que redescobre as virtudes da república romana. No mundo anglo-saxónico, entre os que defendem a teoria do Maquiavel fundador da modernidade estão, elogiando--o, Friderich Meinecke e Ernst Cassirer; demonizando-o, Leo Strauss. Teria sido ele a apurar a «razão de Estado». Hans Baron, Quentin Skinner e Pocock, da nova escola de história das ideias de Cambridge, valorizam a textualização e a contextualização; e evidenciam as credenciais republicanas de Maquiavel (Skinner, 1988; Pocock 1997; Strauss, 1986; http://www.idehist.uu.se/distans/ilmh/Ren/flormach-viroli.htm). As sínteses bibliográficas sugerem que o Maquiavel do século XXI é maioritariamente um republicano italianizante e libertam-no da «mitologia da coerência», de que fala Q. Skinner – o que, não só contraria a imagem tradicional como é vagamente contraditório (Berlin 4 de Novembro de 1971, Lefort, 1986; Winter, s.d.).

Um outro pólo de aferição de Maquiavel é a cientificidade da sua abordagem da política. O neo-kantiano Ernst Cassirer fê-lo fundador de «uma nova ciência da política»; *O Príncipe* não era moral nem imoral: era «um livro técnico» (1979: 116 ss.). Escrevendo poucos anos antes do influente Cassirer, e de oposto campo teórico, o marxista italiano António Gramsci vê também em Maquiavel o fundador de uma ciência política autónoma, o teórico republicano, estatalizante, e valoriza a «vontade colectiva», o que lhe permitirá qualificar o «partido comunista» como o «príncipe moderno» (1971). A interpretação gramsciana contrariava o determinismo do marxismo estalinista pelo que nunca foi aceite pela ortodoxia do comunismo russo. Como vimos acima, Negri, após a derrota da revolução italiana e a queda do muro de Berlim, revalorizou Maquiavel, que antes apresentara como simples comparsa de Espinosa, ainda que comparsa republicano e libertador (Hardt, Negri, 2002; Negri, 1982). Louis Althusser, o estalinista crítico francês, fez o mesmo, sensivelmente na mesma conjuntura política (Maio 1990; Negri, Abril 1997); era surpreendente e talvez justificado o novo padroeiro dos dois marxistas-spinozistas.

A problemática da cientificidade de Maquiavel interessou em particular os pensadores franceses. Claude Lefort procurou singularizar os escritos políticos do Florentino, considerando-os instituintes de uma dada realidade (1986). Michel Foucault interessar-se-á por ele, sobretudo a propósito da «governamentalidade» (Foucault, 2001: 637 ss; Holden, Elden, 2005).

Há poucos filósofos e cientistas sociais que não tenham escrito sobre Maquiavel, o que torna muito arriscadas estas sínteses e estas arrumações de autores. Nem referimos o problema da unidade e da multiplicidade do Florentino, nem se ele era mentiroso para escapar à tirania, por ser secundário para o nosso propósito – pois, a haver vários Maquiaveis, basta-nos que um deles seja actual e, a ser actual, não perderá essa qualidade por ter sido mentiroso (Boesche, 1995). Parece, porém, que a álea é reduzida se afirmarmos que os autores se preocupam com o estatuto epistemológico dos escritos do Florentino. Uma forma radical de lhe negar a cientificidade é pô-lo do lado do mal. Como acabámos de sugerir, a maioria dos julgamentos contemporâneos continua por certo a identificar o Secretário Florentino com o advogado do mal. Essas condenações começaram logo no século XVI e continuaram nos séculos seguintes. Durante a Revolução Francesa, Edmund Burke foi lapidar quando rejeitou «as máximas odiosas da política maquiavélica, tanto aplicadas à obtenção da monarquia como à tirania democrática» por contrariarem os «impulsos naturais do homem» (1790: 175).

Esta identificação tem uma base: Maquiavel separou a actividade política da ética e, na base dessa separação, autorizou os políticos a praticarem qualquer acto que fosse conveniente para a salvação pública.

Esta tese é exacta. Maquiavel separou a actividade política da ética. Mas provar esta separação não é provar a originalidade do Florentino. Vejamos.

A suposta originalidade maquiavélica na fundação de uma política independente da moral

Com efeito, a separação entre ética e política já era dominante na Europa anterior ao Renascimento. Essa separação lança as suas raízes na teoria dos dois gládios, formulada pelo Papa Gelásio I em 494, um simbolizando o poder espiritual e o outro o temporal; não pretendemos resumi--la aqui; teve um número muito grande de versões mas o seu núcleo é que na organização política há dois poderes, cabendo o primeiro à Igreja e o segundo ao Estado; no século XI, o Papa Gregório VII formula uma nova versão na qual o Sumo Pontífice tem o direito de depor o Imperador; mas é um extremismo que, ainda assim, mantém os dois poderes separados; a esmagadora maioria das versões da teoria dos dois gládios respeita a separação e a independência da Igreja e do Estado: a superioridade do poder espiritual não retirava ao temporal a supremacia no seu campo; a Igreja afirmava sempre o seu primado, decorrente do princípio supremo da unidade da organização política, e, noutro plano, da superioridade da primeira *ordem* sobre as restantes, o que lhe dava direito a dirigir a alma do César mas reconhecia a singularidade desta, face às dos simples súbditos: assim, reconhecia que o Príncipe era julgado por uma moral diferente da aplicada aos súbditos. Por isso o género literário do *Espelho dos Príncipes*. A moral cristã do Príncipe podia ser mais exigente do que a do súbdito mas ficava estabelecida a diferença entre uma e outra e, assim era aberto o caminho para que dois cristãos fossem avaliados por diferentes decálogos (Gierke 1900: 113, 123; Matos 2004: 84n, 227, 232 ss).

A noção contemporânea de estado de necessidade permite dinamizar essa diferenciação. «Na Idade Média cristã não há a previsão de um estado de emergência constitucional e por isso o *dictator* é desconhecido», mas por outras formas fazia-se já valer o «estado de necessidade» (Matos, «Ditadura», 2005). Gierke menciona casos em que o estado de natureza se impõe ao direito – embora sejam casos contra o Rei (1900, pp. 137 e 145). Hesse demonstra que ele era então aplicado à esfera privada, nomeadamente a propósito das parábolas sobre o trabalho ao sábado (s.d.). Carl Schmitt refere, a propósito do comissário, que para Gerson, um famoso teólogo medieval, a intervenção imediata na Igreja só é lícita em caso de *necessitas* e de *evidens utilitas ecclesia*. Esta interrupção da cadeia dos corpos intermédios aproximava-se por certo da nossa noção de «estado de necessidade». (1968, p. 77). Berlin afirma que o «estado de necessidade» foi reconhecido por S. Tomás de Aquino, Dante e outros escritores medievais, «muito anteriores a Belarmino ou Maquiavel» (1971). Para o historiador do direito Saint-Bonnet, «na cristandade medieval, a noção de estado de excepção aparece por ocasião dos conflitos entre os órgãos espiritual e temporal» (2001). Podemos assim asseverar que a Idade Média de algum modo conhecia o estado de necessidade no domínio da organização política.

Mais que não fosse por este motivo, conhecia a separação entre a política e a moral. Por isso, nesta sede, Maquiavel está longe de ser original. Sobretudo em relação à Alta Idade Média, o período que logo o antecede. Mencionámos fontes eclesiásticas, aliás pouco estudadas. Relanceemos as fontes leigas, consubstanciadas apenas no nosso Fernão Lopes e apenas na sua *Crónica de D. João I.*

As maldades aconselhadas pelos historiadores tardo--medievais; Fernão Lopes

Concentremo-nos no conhecido episódio do assassinato do Conde de Andeiro.

O Rei D. Fernando morreu e a Rainha D. Leonor, que dirige o Estado, mantém uma relação ilícita pública com o Conde João Fernandes (Andeiro). Esta situação «desonrava» o falecido Rei, o que causava sofrimento a Álvaro Pais, seu antigo chanceler bem como do seu antecessor, D. Pedro I: Pais era «homem honrado e de boa fazenda», que às ocultas de todos dirige a vereação de Lisboa; devido àquela desonra do Rei, «nenhuma coisa então mais desejava do que ver o Conde João Fernandes morto»; por via disso, encontra-se «secretamente» com o conde de Barcelos, irmão da Rainha, para o persuadir a liquidar o Andeiro, pois «sabia bem que queria mal ao conde»: a «má fama [da Rainha] não cessa nem cessará enquanto este homem for vivo». Barcelos informa-o que já tivera vontade de tirar a vida ao Andeiro mas recusa a proposta de o assassinar, pois «não via jeito asado de o poder fazer» e sugere-lhe que para esse efeito fale com o Mestre d'Avis, o futuro Rei D. João I; Pais exterioriza reticência, dando a entender que o direito de matar o Andeiro só ao Bragança cabia, e o Bragança oferece-se para dizer ao Mestre que Pais com ele terá uma conversa sobre assunto de «honra». O antigo chefe do Governo aceita a oferta; encontrará o Mestre ao qual diz que deve matar o amante da Rainha pois, sendo irmão do falecido Rei, «sua desonra mais deve doer que outro nenhum» e porque a sua vida nunca será segura enquanto Andeiro for vivo. O Mestre tem dúvidas: para o matar, necessita da «ajuda do povo». O velho chanceler não hesita e diz-lhe que «lhe oferecia a cidade em sua ajuda». «O Mestre cobiçoso de honra, por sua ardente natureza e grande coração, movido pelos ditos dele, determinou de o pôr em obra»; apesar disso, duvidou da promessa e foi a casa de Álvaro Pais, para ter a certeza da ajuda do povo; acordou com Pais que o seu pajem, Gomes Freire, iria bradando até casa de Álvaro Pais «dizendo altas vozes, que acorressem ao Mestre de Avis que matavam» no preciso momento em que fosse matar o Conde Andeiro. Chegado este momento, o pajem deu cumprimento ao combinado e foi pelas ruas de Lisboa, a cavalo, gritando: «Matam o Mestre! Matam o Mestre nos Paços da Rainha! Acorrei ao Mestre que o matam!». O Mestre matou o Andeiro, como previsto e aprazado. Álvaro Pais veio também para a rua bradar: «Acorramos ao Mestre, amigos, acorramos ao Mestre que matam sem porquê». O povo de Lisboa cercou o paço da Rainha e o Mestre resolveu fazer prova de vida, assomando a uma «grande janela», ao lado de Pais, para evitar que a multidão invadisse

A iconografia da morte do Andeiro é moralizadora: o Andeiro é intrinsecamente mau, vemos logo isso nos quadros. Esta maldade apaga o lado maquiavélico do Mestre de Avis, de Álvaro Pais e de Fernão Lopes (Morte do Conde Andeiro, óleo de A. J. S. Azevedo, Museu Nacional Soares dos Reis, Porto).

o paço. O Mestre chefiou a multidão e foram para a Sé, cujos sinos permaneciam silenciosos, ao contrário dos de outras igrejas. Como na Sé recusavam fazê-los repicar, a multidão subiu à torre e atirou o bispo para o solo. O bispo morreu.

Este episódio tem um claro sabor renascentista. A «honra» segue um percurso familiar o qual é manipulado sem falso pudor para um fim político. O velho chanceler menciona o assassinato como um meio técnico de resolver um problema prático – e não como uma acção sujeita à moral. O Mestre, ao ser confrontado com a sugestão do assassinato, não suscita o menor problema ético; pelo contrário: considera a sugestão adequada e só levanta questões práticas. Fernão Lopes, o narrador, também aprova o assassinato: Pais deu «muitas e boas razões». Nem o chanceler nem o mestre – o narrador não atribui o estratagema a nenhum deles – manifesta a menor retracção perante a manipulação dos cidadãos ou perante o uso da mentira. A concretização do plano é operada por meio do recurso a um método democrático: os lisboetas são chamados a participarem na execução, o que é uma singular manifestação do exercício da cidadania. Os cidadãos são tratados como uma massa que a elite manobra, por meio de um estratagema mobilizador assente numa simples mentira. O Mestre assoma à janela apenas para poder continuar a dirigir a multidão, pois não lhe convinha que ela matasse a Rainha naquele tempo e por aquele modo. O assassinato do bispo recalcitrante é tratado também com tocante indiferença. Pais e o Mestre não são os únicos que vivem neste universo maquiavélico, que recorre a qualquer meio desde que adequado para alcançar os seus interesses próprios racionalizados. O mundo é assim. Quando Álvaro Pais e outros são enviados a Alenquer em embaixada à Rainha para tratar do casamento dela com o Mestre, Fernão Lopes anota: «receberam dela grande e fingido gasalhado, especialmente Álvaro Pais a que ela maior mal queria» (Lopes, 1945: cap. V-XII, XXV; ortografia actualizada).

«Dai o que não é vosso, prometei o que não tendes, perdoai a quem não vos fez mal». «Assassinar os cidadãos, trair os amigos, ser desleal, não ter piedade nem religião» conquista «o poder».

Quem escreveu as frases do parágrafo anterior? Maquiavel? Fernão Lopes? Ambos? A resposta certa é «ambos». A primeira reproduz um conselho de Álvaro Pais a D. João quando este era já Regedor e Defensor do Reino. O Mestre começou logo a dar as terras da Rainha. A segunda é de Maquiavel. Mas podíamos trocá-las. Ambos esboçaram o *Breviarum Politicorum* (Lopes, 1945, Cap. XXVII; caps. VI, VIII em Matos, «Terror», 2005).

Também os historiadores franceses, Froissart e sobretudo Comynes, são verdadeiros Maquiaveis: aconselham ao Príncipe uma moral bem diferente da cristã.

Se a relação entre a ética e a política de Maquiavel não era original, como explicar o êxito do Secretário Florentino? A sua originalidade pode ser outra, claro; aliás, adiante avançaremos mesmo essa tese. Mas ninguém aventou que essa originalidade outra seria a causa do seu êxito mundial. Tão pouco o faremos nós.

Berlin põe o dedo nesta ferida das causas do êxito do Florentino. Mas a sua tese não é satisfatória. Para ele, o que revolta o leitor e celebriza Maquiavel é a exposição maquiavélica da moral pagã, em choque com a cristã. Mas o argumento demonstra demais: boa parte do Renascimento era pagão e não suscitou essa reacção de demonização (4 de Novembro de 1971). Maquiavel teve êxito por uma razão bem diferente: coincidiu com a Contra-Reforma: a sua teoria do Príncipe autorizava todo o regicídio e por isso era inaceitável, tanto por protestantes como por católicos. Ainda que Maquiavel nunca tivesse sido apologeta do tiranicídio, a sua postura convidava ao golpe de Estado permanente e não deixava em paz nenhum trono nem nenhuma república (Turchetti 2001: 353 ss). Adiante sugeriremos outra e decisiva razão do êxito do Florentino.

A laicização da acção e o Leviatã

Por muita razão que tenha a crítica de Cambridge, no relativo à necessidade de contextualizar Maquiavel, devemos reconhecer como uma evidência que a teoria do Florentino não se esgota na política italiana do século XVI e tem um apelo que ao menos em potência é universal. Althusser é também ambíguo pois, embora atribua ao Florentino uma dimensão universal, sintetiza a sua inovação na teorização do nascimento, aliás falhado, do Estado italiano: louva-o por ser «talvez uma das raras testemunhas do que chamarei *a acumulação primitiva política*, um dos raros teóricos dos começos do Estado nacional»; depois de instituir a categoria teórica de «testemunha teórica», invoca Gramsci que, como é sabido, também valorizava a dimensão italiana do Secretário Florentino (Maio 1990).

A mais desatenta leitura de Maquiavel revela que ele escrevia para o universo e não para os florentinos ou para uma dada região italiana. *O Príncipe* é escrito a pensar em Cesare Borgia e dedicado a Lorenzo de Medici mas trata de qualquer «principado» onde haja conflito e nenhuma das recomendações nele feitas é específica ou mesmo principalmente italiana.

A mais desatenta leitura de Maquiavel, quer de *O Príncipe* quer dos *Discorsi*, revela também que ele faz recomendações. O leitor, que conhece essas obras, acabou de ler a palavra «recomendações» e, se a notou, foi devido à deselegante repetição – pois ela assenta como uma luva aos textos. Sejamos mais concretos: Maquiavel escreve sobre a acção política.

A mais desatenta leitura de Maquiavel revela ainda a originalidade da escrita maquiavélica. Ninguém escrevia então sobre acção. As ciências aristotélica e medieval rejeitavam a acção como objecto do saber pois tratavam do ser; procuravam generalidades e rejeitavam a singularidade. Para Aristóteles, «o objecto da ciência existe necessariamente e é por consequência eterno» (Aristote, 1994: 281); portanto, o acontecimento singular nunca era objecto de conhecimento científico – só o sendo enquanto integrado numa categoria. Maquiavel tentava pois fundar uma ciência da acção. A tentativa passou desapercebida por três motivos principais. O primeiro é a moralização que desde cedo dominou as interpretações de Maquiavel: ele era um transgressor, não era um fundador. Em segundo lugar, a ciência pós-renascentista assenta numa unidade de medida e Maquiavel não propõe uma unidade de medida para a política – nem é claro que se proponha substituir essa unidade por outro método pelo menos tão rigoroso; por isso, o seu saber parecia antigo, aristotélico, qualitativo; era quando muito uma *tecnos* e não uma *sofia*. O terceiro motivo é o desenvolvimento do segundo: os dois instrumentos analíticos que o Secretário Florentino propõe para estudar a acção, a *Virtú* e a *Fortuna*, são demasiado rudimentares para que esta tentativa fundacional tenha merecido atenção. Althusser valorizou estas categorias mas de modo perigoso: «pour lui [Maquiavel] ce n'est pas la conscience, mais la rencontre de la fortune et de la virtu qui font que tel individu se trouve arraché aux conditions du monde ancien pour jeter le fondement de l'État nouveau» (Maio 1990). Estamos, ao que parece, na sorte pura, na probabilidade perfeita. Está por certo inspirada neste elemento de álea a sua noção de «matérialisme aléatoire» que, segundo Negri, Althusser usou para designar o comunismo, pois era vítima do «pensamento único», tal como Gramsci fora vítima do fascismo, e por isso tivera que crismar o marxismo como «filosofia da praxis» (Abril 1997).

Para a maioria dos autores, Maquiavel seria quando muito um prático, nunca seria o Galileu das ciências sociais.

A escrita de Maquiavel é ainda mais original. No século XVI, ninguém escrevia sobre acção política. Álvaro Pais fala mas não escreve sobre acção política – quem escreve é Fernão Lopes, aliás pouco tempo depois dos factos mas tratando do passado e não do futuro, o que implica uma diferença radical.

Os «Espelhos de Príncipes» ensinavam acções – mas ensinavam apenas as acções necessárias à salvação da alma do príncipe; só de modo indirecto eram escritos políticos, ainda que o género, hoje em re-avaliação, seja mais complexo do que é reconhecido pela qualificação que acabamos de produzir.

Um único livro tratava da acção política, sem a subordinar à moral. Esse livro era a Bíblia, em particular o Antigo Testamento. Vejamos alguns exemplos. A primeira acção táctica de Deus está em Génesis 14, na batalha contra Cadorlaomer; ganha a batalha, Melquisedeque diz a

«Nisto, apresentou-se um profeta diante do rei Acab e disse: 'O Senhor mandou-me dizer-te isto: Como os arameus disseram que sou um Deus das montanhas e não um Deus das planícies, dar-te-ei a vitória sobre o seu grande exército, para que vocês saibam que sou realmente o Senhor». Os israelitas mataram cem mil arameus, prossegue a Bíblia. O Deus do Antigo Testamento era o autor de toda a acção, incluindo a militar. (1 Reis, 20, 28; ilustração de Gustave Doré).

Abraão: «Louvado seja o Deus altíssimo/que te deu a vitória sobre os reis inimigos». Mas esta vitória teve lugar antes da circuncisão e Abraão não aceita os seus frutos. É logo no capítulo seguinte, o Gn 15, que Deus faz a aliança com Abraão – e termina prometendo-lhe território, depois do exílio no Egipto. A seguir, Deus decide destruir Sodoma devido aos seus pecados (Gn 18, 16). No Êxodo 7,5, o próprio Deus afirma: «Os egípcios ficarão a saber que eu sou o Senhor, quando lhes fizer sentir o meu poder e tirar do Egipto os israelitas»; e lança as sete pragas, desta vez sem ser para castigar nenhum pecado.

O Antigo Testamento tratava da acção. O sujeito da acção era Deus. Aliás, qualquer enciclopédia informa que, em hebreu, Israel significa «Aquele que luta com Deus». Deus era o autor porque era o Único que agia. A ideia que matar pela religião é aceitável contém o princípio que o fim justifica os meios. Os factos correspondentes a esta ideia, se imputados a Deus, não relevavam da Moral. Mas, Maquiavel quando propõe semelhante sequência de factos, toma o lugar de Deus. A sua escrita é homóloga da palavra divina. No Antigo Testamento, este princípio só era aceitável quando exercitado por Deus – e por isso o texto sagrado estava cheio de tácticas bélicas ensinadas por Deus ao seu Povo. Mas este Povo estava condenado a ser de Deus. Maquiavel laiciza essas estratégias para as ensinar ao seu povo que é livre sem deixar de ser povo; ele age na política tendo por única consideração realizar o seu objectivo. Neste sentido, Maquiavel é tão actual como o Antigo Testamento.

O Deus do Antigo Testamento age nas batalhas para proteger o seu Povo. Maquiavel age para concretizar o novo Leviatã. No Antigo Testamento, Deus aparece como todo poderoso por ser o único autor da acção e portanto ser sempre vitorioso. Maquiavel, ao escrever apenas sobre a acção, coloca-se no lugar de Deus e substitui-Lhe a organização política: a organização política é toda poderosa porque o homem pode levá-la a exercer sobre si própria uma acção qualquer – pois toda a acção é possível e toda a acção é susceptível de ser vitoriosa. O que legitima a acção do Príncipe maquiavélico é a capacidade de a organização política se auto-transformar seja em que sentido for – o que exclui a *physis* social, a teleologia e a moral judaica e cristã, as quais limitavam a sociedade para gregos antigos, judeus e cristãos. O Florentino levantou as limitações à acção do homem. Maquiavel institui o Leviatã, a organização política omnipotente, – e institui-o por meio da sua teoria da acção que assenta na homologia entre o agir do Príncipe e o de Deus.

Por isso, Maquiavel teve sucesso entre os práticos: ele propõe um acordo como Fausto que seduz os homens de acção. O acordo faustiano de Maquiavel é simples: se me leres e obedeceres, terás poder. Maquiavel antecipa Goethe e insere-se nessa longa tradição «faustiana».

De passagem, digamos que esta homologia é a explicação última da violência das reacções contra Maquiavel: o Florentino tentava roubar o lugar de Deus, para si próprio, ou sugeria que a organização política tentava roubar esse lugar divino; ninguém percebia bem se, para Maquiavel, o autor do roubo sacrílego era ele ou a organização política; se era incerto o autor do roubo, era porém certa a tentativa de roubo sacrílego. Esta tentativa explica a violência e a duração das condenações, mais do que os maus conselhos maquiavélicos, aliás banais, como vimos. A violência dos ataques é a origem do êxito. *Succès d'estime*, digamos assim.

Para judeus e cristãos não havia Leviatã vencedor: tudo, o que não fosse a palavra de Deus, estava na liberdade do homem, ainda que sujeito à moral ou a sanções extra-terrenas; ora a palavra de Deus estava referida a um conjunto específico de situações que eram inultrapassáveis pela liberdade humana. Para os gregos, a política, ainda que não seja uma natureza, estava submetida a regras que transcendiam a acção humana (Matos, 206). A organização política não era pois todo-poderosa já que estava submetida necessariamente a constrangimentos externos e internos que eram um *nec plus ultra* para a acção do homem. Maquiavel-Prometeu institui o Leviatã.

Negri avançou que Maquiavel propunha uma «dinâmica social interna e imanente», que se concretizava em primeiro lugar «no conceito de poder como *poder constituinte*». Mas estamos longe do Leviatã: este pode ser conservador ou revolucionário e tem que ser omnipotente; ao passo que aquele «poder constituinte», herdeiro semi-confessado do lúcido Padre Sieyès, é apenas a parte mais poderosa de uma contenda, sendo por isso falível, e só pode ser revolucionário – ainda que quem o invoque se dispense de o inscrever numa qualquer genealogia (Sieyès 1982; Bensaid 9 Janeiro 2004; Hardt, Negri 2002: 156).

Maquiavel institui o Leviatã: esta ambição é fascinante. Justificará o prémio? Sabemos desde Sócrates que o exemplo é o único ensino moral. Maquiavel não era maquiavélico. O seu exército medieval de cidadãos de Florença perdeu contra o exército moderno de mercenários de Carlos V. Maquiavel foi despedido de secretário de Florença e morreu exilado, pobre, a fazer trabalhos rurais, a chegar a casa sujo de terra. Maquiavel morreu proscrito. Estranha ciência da acção, que conduz à proscrição do seu autor. O exemplo de Maquiavel não abona a teoria ou a aplicação da teoria? A presente catilinária, porém, não demonstra: a ciência, a que Maquiavel aspirava, era por certo probabilística e o erro do Florentino estava por hipótese dentro da margem de erro estatístico.

Talvez o exemplo de Maquiavel tenha um alcance diferente: ele viveu com um pé no medioevo e outro no mundo moderno (Nederman, s.d.). A sua teoria foi por certo bifronte: entre Príncipe e povo; entre opressão e libertação. Maquiavel não escolheu entre ambos: falhou a laicização. Por não ter resolvido o dualismo ou por ter pressuposto um Leviatã que é apenas imaginário e parcial. O pensamento político que nele assentar está em perpétuo e fascinante desequilíbrio.

Maquiavel escreve como quem sabe dirigir a organização política – e substitui-se a Deus na criação. É o Prometeu da organização política. Álvaro Pais teria sido apenas um táctico? Maquiavel não demonstra a inexistência de estruturas da organização política que se imponham à acção política – sob o preço de esta cair no caos, se não as respeitar. Mas continuam a ser feitas tentativas de identificação teórica desses invariantes (Matos 2002).

Num sentido mais geral, Maquiavel não se preocupa sequer em compatibilizar a sua teoria da acção com uma teoria dos invariantes da organização política.

Conclusões

Ao lermos os filósofos gregos partilhamos com Renan o sentimento da frescura inebriante pois assistimos aos primeiros passos do pensamento – pelo menos do pensamento ocidental. Ao lermos Maquiavel temos um semelhante sentimento de frescura pois presenciamos os primeiros passos do Prometeu moderno da organização política: com o nascimento do Estado moderno, nasce uma ciência da acção que promete domar o Leviatã – e que para isso tem que o instituir.

*

Maquiavel terá ido ao fim dos seus perigosos pensamentos ou manteve-se um tardo-medieval? Ou manteve-se um tardo-medieval e foi até ao fim dos seus perigosos pensamentos? Althusser, fideísta como de uso, escreve: «Maquiavel rompe com todas estas ideias dominantes» (nem sempre coincidentes com as acima elencadas; Maio 1990). Rompe? Seria bom estudar esse pormenor, em vez de repetir uma mantra. Saberia o Florentino que usurpava o lugar de Deus ou era um bom cristão, como quer Viroli (s.d.)?

*

Eis uma hipótese a pôr à prova num programa de investigação, aliás extenso, articulando as ciências sagradas, sociais, da natureza e matemáticas.

BIBLIOGRAFIA CONSULTADA

ALTHUSSER, Louis (Maio 1990), «La Solitude de Machiavel», em http://multitudes.samizdat.net/article489.html

ARISTOTE, *Éthique à* Nicomaque (1994), trad., int. e notas de de J.Tricot, Bibliothèque des textes philosophiques, Vrin, Paris, 8ª impressão.

BENSAID, Daniel (9 Janeiro 2004), «Antonio Negri et le pouvoir constituant» em http://multitudes.samizdat.net/article1268.html

BERLIN, Isaiah (4 de Novembro de 1971), «A Special Supplement: The Question of Machiavelli», *New York Review of Books*, Suplemento, Volume 17, Nº 7.

Bíblia Sagrada, Lisboa, Difusora Bíblica, 19ª ed., 1995, 1696 pp. + extratextos.

BOESCHE, Roger (1995), *Theories of Tyranny: From Plato to Arendt*, University Park, Pennsylvania, Penn State University Press.

BURKE, Edmund (1790), Reflections on the Revolution in France, *Select Works of Edmund Burke. A New Imprint of the Payne Edition. Foreword and Biographical Note by Francis Canavan, 4 vols (Indianapolis: Liberty Fund, 1999)*, em http://oll.libertyfund.org/Home3/HTML.php?recordID=0005.02#c_burke2_1_p85l0_1

CASSIRER, Ernst, *The Myth of the State* (1979), Yale University Press, 14ª impressão, New Haven e Londres, 308 pp.

FOUCAULT, Michel (2001), *Dits et écrits II, 1976-1988*, Col. Quarto, Gallimard, Paris.

GIERKE, Otto, *Political Theories of the Middle Ages* (1900), trad. e int. de Frederic William Maitland, Cambridge at the University Press, 1958, 200 pp.

GRAMSCI, Antonio (1971), *The Modern Prince Selections from the Prison Notebooks*, trad. Quintin Hoare, International Publishers, New York.

HARDT, Michael; NEGRI, Antonio (2002), *Impero Il Nuovo Ordine della Globalizzazione*, Rizzoli, trad. e texto de Alessandro Pandolfi; trad. das notas e pesquisa bibliográfica de Daniele Didero, Rizzoli, 457 pp.

HESSE (S.D.), Philippe-Jean, «Un Droit Fondamental Vieux De 3 000 Ans».

L' Etat De Necessité Jalons Pour Une Histoire De La Notion», em http://www.droits-fondamentaux.org/IMG/pdf/df2hesnec.pdf

HOLDEN ADAM, ELDEN, Stuart (2005), «"It cannot be a Real Person, a Concrete Individual": Althusser and Foucault on Machiavelli's Político Technique», em http://www.border-

landsejournal.adelaide.edu.au/vol4no2_2005/eldenhold_foucault.htm, vol. 4, n° 2.
http://www.idehist.uu.se/distans/ilmh/Ren/flor-mach-viroli.htm (textos sobre Maquiavel de Hans Baron, Garret Mattingly, Harvey C. Mansfield and Nathan Tarcov, Q. Skinner, Maurizio Viroli).
LEFORT, Claude (1986), *Machiavel Le Travail de l'Oeuvre*, Col. Tel, Paris, Gallimard.
LOPES, Fernão, *Crónica de D. João I* (1945), pref. António Sérgio, Biblioteca Histórica – Série Régia, Livraria Civilização, Porto, 2 vols.
MAQUIAVEL, Nicolau (1976), *Il Principe e le Opere Politiche*, (Milão), Garzanti.
MATOS, Luís Salgado de, «Ditadura» (2005), *Dicionário de Filosofia Moral e Política* do Instituto de Filosofia da Linguagem da Faculdade de Ciências Sociais e Humanas da Universidade Nova de Lisboa (em linha no seguinte endereço: http://www.ifl.pt/).
MATOS, Luís Salgado de (2004), *O Estado de Ordens*, Lisboa, Imprensa de Ciências Sociais.
MATOS, Luís Salgado de, «Terror» (2005), *Dicionário de Filosofia Moral e Política* do Instituto de Filosofia da Linguagem da Faculdade de Ciências Sociais e Humanas da Universidade Nova de Lisboa (em linha no seguinte endereço: http://www.ifl.pt/).
NEGRI, Antonio, *L'Anomalie Sauvage Puissance et Pouvoir Chez Spinoza* (1982), trad. François Matheron, prefs. De Gilles Deeuze, Pierre Macherey e Alexandre Matheron, Presses Universitaires de France, Paris.
NEDERMAN, Cary (s.d.), «Machiavelli», em http://plato.stanford.edu/entries/machiavelli/
NEGRI, Toni (Abril 1997), «Machiavel selon Althusser», em http://multitudes.samizdat.net/article.php3?id_article=1144
PENTEADO, Luiz Carlos de Barros (2005), «O Príncipe E A Democracia: O Poder Constituinte Em Maquiavel», *Achegas*, http://www.achegas.net/numero/vinteecinco/penteado_25.htm
POCOCK, G. A. (1997), *Le Moment Machiavélien. La Pensée Politique Florentine Et La Tradition Républicaine Atlantique*, trad. Luc Borot, Presses Universitaires de France, Paris.
SAINT-BONNET, FRANÇOIS, *L'Etat d'Exception* (2001), Paris, PUF (Léviathan).
SCHMITT, Carl (1968), *Die Diktatur*, 2ª ed. de 1927 3ª ed. de 1964; trad. castelhana, a partir da 3ª ed. (*La Dictadura*, trad. de José Díaz Garcia, Revista de Occidente, Madrid, 1968).

SIEYES, Emmanuel (1982), *Qu'est-ce que le Tiers État?* (precedido de «Essai sur les privilèges»), (1789), pref. de Jean Tulard, ed. crítica e int. de Edme Champion, Paris, Col. Quadrige n.º 30, PUF.

SKINNER, Quentin (1988), *The Foundations of Modern Political Thought*, vol.I *The Renaissance*, 3ª reimpressão, Cambridge University Press, Cambridge-Nova Iorque-Nova Rochelle-Melbourne-Sidney.

STRAUSS, LEO (1986), *Droit Naturel et Histoire*, trad. de Monique Nathan e Éric de Dampierre, Col. Champs n.º 158, Flammarion, (Paris).

TURCHETTI, Mario (2001), *Tyrannie et Tyrannicide de l'Antiquité à Nos Jours*, Paris, Presses Universitaires de France.

VIROLI, Maurizio (2004 ?), *Machiavelli's God*, Introduction, http://www.princeton.edu/~uchv/whatsnew/Viroli_Polphil.pdf

WINTER, Yves (s.d.), *Violence And Cruelty: Machiavelli's Politics Of Nature*, http://www.polisci.northwestern.edu/secondnature/documents/winter_yves.pdf

Viagem pelas releituras de Maquiavel

JOÃO DE ALMEIDA SANTOS

JOÃO DE ALMEIDA SANTOS foi professor nas Faculdades de Letras das Universidades de Coimbra e de Roma, «La Sapienza», e investigador no Instituto de Sociologia da Universidade de Roma. Sempre se dedicou à investigação nas áreas da filosofia política e da lógica das ciências histórico-sociais. Publicou numerosos ensaios de filosofia e de teoria política em revistas portuguesas e estrangeiras, *Biblos, Finisterra, Vértice, Adágio, Euros, Rinascita*. É autor de *O Princípio da Hegemonia em Gramsci* (Lisboa, Veja, 1986), *Paradoxos da Democracia* (Lisboa, Fenda, 1998), *Os Intelectuais e o Poder* (Lisboa, Fenda, 1989) *Breviário Político-Filosófico* (Lisboa, Fenda, 1999) e *Homo Zappiens. O Feitiço da Televisão* (Lisboa, Editorial Notícias, 2000). Foi assessor político do ex-Primeiro-Ministro José Sócrates.

Viagem pelas releituras de Maquiavel

JOÃO DE ALMEIDA SANTOS

Permitam-me algumas considerações prévias. Falar de Maquiavel é falar do poder político. Ou, como dizia Benedetto Croce, da «pura política» ou do frio Poder. Mas também é falar no interior de um universo discursivo cheio de conotações, negativas e positivas, ou mesmo de manifestações radicais de emoção ideológica, que foi o que, ao longo dos tempos, Maquiavel, mas sobretudo o maquiavelismo, provocou. Por isso, é sempre útil fazer o necessário regresso aos textos e ao espírito dos textos para as necessárias clarificações. A lição de Maquiavel sobre o poder político é ainda válida, apesar das mediações históricas que o conceito de poder sofreu? Creio que sim. E a prova disso é que ele foi sendo reinterpretado ao longo dos tempos, tendo-se tornado uma referência teórica obrigatória quando se fala de teoria política. Eu próprio, devo confessá-lo, algo influenciado pelo título da obra de Pierre Musso sobre Berlusconi, e pela sua releitura gramsciana do empresário-político italiano, não resisti a pôr o seguinte título a um meu ensaio sobre Berlusconi, publicado originalmente em espanhol, na Revista «Telos) (Madrid): «Berlusconi o el nuevo príncipe pos-moderno». Pode parecer estranho, mas a verdade é que, como veremos, o príncipe tem vindo a assumir diversas formas ao longo da história.

*

Permitam-me, pois, que comece por referir uma interessante observação de Gramsci sobre Maquiavel. Os antimaquiavelianos – lembro, por exemplo, a crítica radical, e algo moralista, de Frederico II, no seu «Anti-Maquiavel, ou exame do Príncipe de Maquiavel» (London/La Haye, 1741) – não o seriam porque ele tivesse defendido teses erradas, mas sim porque o que ele escreveu «faz-se, mas não se diz» (Quaderni del Carcere, Torino, 1975: 1690). Isto pode ler-se nos famosos «Quaderni del Carcere».

A irritação destes antimaquiavelianos dever-se-ia ao facto de Maquiavel, tendo dedicado «O Príncipe» a Lorenzo de' Medici, na verdade, estaria a expor ao povo as técnicas da arte de governar, descobrindo, por assim dizer, os «truques» para a conquista, conservação, reprodução e alargamento do poder. Veja-se o que, a este respeito, diz Gian Franco Berardi: «o Cardeal Reginaldo Polo, um dos primeiros que escreveu contra Maquiavel, na sua *Apologia* (que é de 1538), refere ter ouvido alguns florentinos considerar que Maquiavel escrevera "O Príncipe", não para ajudar, mas para indicar aos tiranos a via da ruína» (*Introduzione* a Guicciardini, *Antimachiavelli*, Roma, Riuniti, 1984, 13). Mas também Diderot, no artigo da *Enciclopédia* sobre o «Maquiavelismo» diz algo equivalente: «Quando Maquiavel escreveu o seu *Tratado do Príncipe*, é como se ele tivesse dito aos seus concidadãos: leiam bem esta obra. Se vocês aceitarem alguma vez um senhor, ele será como eu vo-lo pinto – eis a besta feroz à qual vos abandonareis. Assim, foi falha dos seus contemporâneos se não perceberam o seu objectivo: eles tomaram uma sátira por um elogio». Rousseau fez a mesma leitura, no *Contrato Social*: «Assim, fingindo dar lições aos reis, ele deu uma grande lição aos povos. O *Príncipe* de Maquiavel é o livro dos republicanos» (Liv. III, cap. VI). Ou, então, Gramsci, mais moderado: «a ciência política, enquanto ciência, é útil quer aos governantes quer aos governados para se compreenderem reciprocamente» (Q., 1689).

Mas verdadeiramente interessante e original é a leitura que Gramsci faz de Maquiavel num outro passo dos «Quaderni». Permitam-me que a transcreva integralmente, visto o seu interesse:

> «Parece que as intenções de Maquiavel ao escrever o Príncipe foram mais complexas e também "mais democráticas" do que seriam segundo a interpretação "democrática". Isto é, Maquiavel considera que a *necessidade do Estado unitário nacional* é tão grande que todos aceitarão que, para atingir este altíssimo fim, sejam utilizados os únicos meios que são idóneos. Pode, portanto, dizer-se que *Maquiavel se tenha proposto educar o povo*, mas não no sentido que normalmente se dá a esta expressão ou, pelo menos, lhe deram certas correntes democráticas. Para Maquiavel, "educar o povo" pode ter significado somente *convencê-lo e torná-lo consciente* de que pode existir *uma só política*, a realista, *para atingir o fim desejado* e que, por isso, há que *unir-se e obedecer precisamente àquele príncipe que usa tais meios para atingir o fim*, porque só quem quer o fim quer os meios idóneos para o conseguir. A posição de Maquiavel, em tal sentido, poderia aproximar-se da dos teóricos e dos políticos da filosofia da práxis [marxismo], que também procuraram construir e difundir um "realismo" popular, de massas e tiveram que lutar contra uma forma de "jesuitismo" [fase più recente del cristianesimo cattolico: «culto del papa e l'organizzazione di un impero assoluto spirituale»] adequado a esses tempos diferentes. A "democracia" de Maquiavel é de um tipo adaptado aos seus tempos, isto é, é o *consenso activo das massas populares em relação à monarquia absoluta, enquanto limitadora e destruidora da anarquia feudal e senhorial e do poder*

dos padres, função que a monarquia absoluta não podia desempenhar sem o apoio da burguesia e de um exército regular, nacional, centralizado» (Q., 1690-1691; itálicos meus).

É clara como água, e correcta, a explicação de Gramsci: só a monarquia absoluta poderia acabar com a anarquia feudal e criar as condições para a criação do Estado moderno. Na verdade são muitas as teorias que defendem exactamente o progressismo do Estado absoluto como único meio possível para a criação do Estado moderno.

*

Estas posições sobre o verdadeiro objectivo de Maquiavel nem sequer seriam incompatíveis com a dimensão teórica que adquiria esta reflexão sobre a mecânica implacável do poder, a sua lógica interna, o seu funcionamento eficaz. E, na verdade, bem mais importante do que saber se ele queria dar uma potente arma cognitiva ao povo, o que Maquiavel fez representa o autêntico início da análise política racional, separando-a da ética e da religião e projectando o poder para um novo tipo de Estado. Como diz Gramsci: «em todo o pequeno volume, Maquiavel trata de [explicar] como deve ser o Príncipe, para conduzir um povo à fundação do novo Estado, e a análise é conduzida com rigor lógico, com distanciação científica» (Q. 1556). E ainda: «o *Príncipe* toma o lugar, nas consciências, da divindade ou do imperativo categórico, torna-se a base de um laicismo moderno e de uma completa laicização de toda a vida e de todas as relações de costumes» (Q. 1561). Assim se emancipa a política quer da imputação transcendente do poder à «divindade» quer da imputação da acção política à esfera da ética, ao mesmo tempo que se lança as bases para a superação da organização política feudal e a construção do Estado Moderno. Ou seja, verdadeiramente da *autonomia funcional da esfera política estatal*.

*

Na verdade, do que se trata, em Maquiavel, é da arte – ou da ciência – de governar de acordo com autênticas normas técnicas, fundadas numa lógica de tipo relacional entre as variáveis que integram a esfera política e no conhecimento empírico e histórico dos homens. É por isso que, ao contrário de Guicciardini, Maquiavel se move intelectualmente ao nível europeu.

O que disse, então, Maquiavel?

Quais são as principais normas técnicas dessa arte de «governar e manter» o poder, contidas no *Príncipe*? Vejamos.

O grande pressuposto do Príncipe

Diz Maquiavel:

> «S*imilmente, a conoscere bene la natura de' populi, bisogna essere principe, e a conoscere bene quella de' principi, bisogna essere populare*» (Opere, Milano, Mursia, 1966: 59).

Este pressuposto justifica, de algum modo, a ideia de que só o povo pode julgar verdadeiramente a acção do *Príncipe* e, por isso, ele legitima, mais do que se poderia supor, a *emergência política do povo* e fundamenta essa pretensão, tantas vezes reafirmada ao longo da história, de que Maquiavel tivesse como centro do seu discurso não o *Príncipe*, mas o *Povo*. Que, em parte, seja assim, é o que se constata numa outra exigência do exercício do poder: que o Príncipe tenha o povo como amigo porque é este fundamento sólido do poder, que não lama movediça (*O.*, 82). Mas se é verdade que ele acaba por justificar a a *emergência política do povo* como sujeito e a legitimidade de um juízo popular sobre a acção do *Príncipe*, também é verdade que este pressuposto também justifica a legitimidade racional do governo do *Príncipe*. Se a natureza dos príncipes só pode ser bem conhecida pelos respectivos povos, também a natureza dos povos só pode ser bem conhecida pelos respectivos príncipes, estando, por isso, só eles habilitados e, portanto, legitimados a governá-los. Príncipe e povo são pois as constantes do sistema e a política desenvolve-se como relação técnica entre as inúmeras variáveis da acção política concreta. Que este princípio possa legitimar a monarquia absoluta ou o Estado absoluto modernos é sua simples consequência lógica.

Mas diz também Maquiavel:

1. «**li uomini sempre ti riusciranno tristi** (maus)**, se da una necessità non sono fatti buoni**» (O., 115);
2. E quelle **difese solamente sono buone**, sono certe, sono durabili, che **dependano da te proprio e dalla virtù tua**» (O., 117);
3. «perché il nostro libero arbitrio non sia spento, iudico potere essere vero che la fortuna sia arbitra della metà delle azioni nostre, ma che *etiam* **lei ne lasci governare l'altra metà, o presso, a noi**» (O., 117).

As normas técnicas que, em seguida, iremos ver, são, portanto, acompanhadas por três princípios fundamentais:

a) *os homens são maus, se a necessidade não os fizer bons;*
b) *só as defesas que dependem do príncipe e da sua virtude são boas, certas e duradouras;*
c) *se a sorte governa metade das nossas acções, que sejamos nós (o príncipe) a governar a outra metade.*

Portanto, na existência há certamente lugar para a sorte (*fortuna*), mas também lugar para o exercício da vontade humana – neste caso a do *Príncipe* – no governo do seu destino; neste governo, são as próprias capacidades do *Príncipe* que o salvaguardarão do perigo, até porque os homens são naturalmente maus. Daqui a necessidade imperiosa de ele seguir rigorosamente as normas técnicas para um governo eficaz e resistente às insídias.

Vejamos, então, as normas técnicas, numa síntese, naturalmente redutora, do essencial que está contido em *Il Principe*. Perdoem-me o exagero de a fazer também no italiano antigo de Maquiavel. O que se certamente não é cómodo, pode, pelo menos, ser interessante.

1. «**non preterire l'ordine de' sua antenati** e, di poi, temporeggiare com gli accidenti» (*O.*, 61);
2. «**chi è cagione che uno diventi potente, ruina**; perché quella potenzia è causata da colui o con industria o con forza, e l'una e l'altra di queste due è sospetta a chi è diventato potente» (*O.*, 67);
3. «**Perché le iniurie si debbano fare tutte insieme**, acció che, assaporandosi meno, offendino meno; e **benefizii si debbano fare a poco a poco**, acció [che] si assaporino meglio» (*O.*, 80);
4. «Concluderó solo che **a uno principe è necessario avere il populo amico**; altrimenti non ha, nelle avversità, remedio». (...) «**E non** sia alcuno che repugni a questa mia opinione con quello proverbio trito (comum), **che chi fonda in sul populo fonda in sul fango**» (*O.*, 82);
5. «**E principali fondamenti** che abbino tutti li stati, cosí nuovi come vecchi o misti, sono **le buone leggi e le buone arme**». (O., 86);
6. «Questi simili modi debbe osservare uno principe savio [tomar a peito a arte da guerra, a organização e a disciplina militares e estudar «le azioni delli uomini eccellenti»); e **mai ne' tempi pacifici stare ozioso**; ma com industria farne capitale, per potersene valere nelle avversità, acció che, quando si muta la fortuna, lo truovi parato a resisterle» (O., 93);

7. «Onde è necessário a uno principe, volendosi mantenere, **imparare a potere essere non buono**, e usarlo e non l'usare secondo la necessità» (O., 94); o príncipe deve «non partirsi dal bene, potendo, ma **sapere entrare nel male, necessitato**» (O., 100);
8. «E intra tutte le cose di che **uno principe si debbe guardare, è lo essere contennendo** (desprezível) **e odioso**; e la liberalità all'una e l'altra cosa ti conduce. Pertanto è più sapienza tenersi el nome del misero, che parturisce una **infamia sanza odio**, che per volere el nome del liberale, essere necessitato incorrere nel nome del rapace, che parturisce una infamia con odio» (O., 96);
9. «Debbe nondimanco **el principe farsi temere in modo che**, se non acquista l'amore, **che fuga l'odio**; perché può molto bene stare insieme essere temuto e non odiato» (O., 97);
10. «a uno principe è necessario sapere bene usare la bestia e l'uomo» (...). «Sendo dunque uno principe necessitato sapere bene usare la bestia, **debbe di quelle pigliare la golpe e il lione**; perché il lione non si defende da' lacci, la golpe non si defende da' lupi. Bisogna dunque essere golpe a conoscere e lacci, e lione a sbigottire e lupi. **Coloro che stanno semplicemente in sul lione, non se ne intendano**» (O., 99);
11. «Ma è necessario (...) essere **gran simulatore e dissimulatore**: e sono tanto semplici gli uomini, e tanto obediscano alle necessità presenti, che colui che inganna, troverrá sempre chi si lascerá ingannare» (O., 99);
12. «A uno principe adunque non è necessario avere in fatto tutte le soprascritte **qualità**, ma è **bene necessario parere di averle**» (O., 100); porque «**ognuno vede quello che tu pari, pochi sentono quello che tu se'**; e quelli pochi non ardiscano opporsi alla

opinione di molti che abbino la maestà dello stato che gli defenda» (O., 100), [«Espiral do Silêncio»?];
13. «li principi debbano **le cose di carico fare sumministrare ad altri, quelle di grazia a loro medesimi**. Di nuovo concludo che uno principe debbe stimare e grandi, ma non si fare odiare dal populo» (O., 103);
14. «Nessuna cosa fa tanto **stimare uno principe**, quanto fanno le **grandi imprese e dare di sé rari esempli**» (…). «Dare di sé in ogni sua azione fama di uomo grande e d'ingegno eccelente»;
15. «È ancora stimato uno principe, quando elli è **vero amico e vero inimico**» (O., 111);
16. O príncipe deve «ne' tempi convenienti dell' anno, **tenere occupati e populi com le feste e spettaculi**», estando também presente algumas vezes, mas «tenendo sempre ferma nondimanco la maestà della dignità sua» (O., 113);
17. «La prima coniettura che si fa del cervello di uno signore, è **vedere li uomini che lui ha d'intorno**» (O., 113); por isso, o príncipe deve eleger «nel suo stato uomini savii, e solo a quelli debbe dare libero arbitrio a parlarli la verità, e di quelle cose sole che lui domanda, e non d'altro» (O., 114);
18. «che sia **meglio essere impetuoso che respettivo**; perché la fortuna è donna, ed è necessario, volendola tenere sotto, batterla e urtarla» (O., 119).

Resumindo, ainda mais, mas agora em português, são as seguintes as normas que o *Príncipe* deverá respeitar: ter o povo como amigo; respeitar a tradição; não se tornar causa da potência de outrem; estimar os grandes, sem se fazer odiar pelo povo; ter boas leis e boas armas; na paz, preparar-se para a guerra; ser mau, quando necessário, sem se afastar do bem; fazer o mal de uma só vez e o bem aos poucos; fazer-se temido e, se não conquista o amor, pelo menos, deve evitar o ódio; ser impetuoso, mais do que prudente; dar aos outros a administração das coisas más, reservando para si a das boas; saber ser verdadeiro amigo, mas também verdadeiro inimigo; simular e dissimular; ter qualidades, mas sobretudo parecer tê-las, porque se todos vêem o que parece, poucos vêem o que é; ser leão e ser raposa, porque quem só usa a força não percebe nada do poder; promover grandes empreendimentos e dar exemplos raros; escolher colaboradores sensatos; ocupar o povo com festas e espectáculos.

Como se pode ver estas são normas técnicas, independentes da moral, visando somente o *sucesso* no exercício e na consolidação do poder. Tratam do *bom governo*, mas não necessariamente do *governo bom*. Não tratam dos fundamentos do poder, da questão da legitimidade, mas tratam da sua gestão eficaz. Não tratam do modelo virtuoso de Estado, mas sim do Estado como ele é, na sua «realtà effetuale», nos seus métodos de funcionamento. Tratam o Estado de um ponto de vista secular e laico. É por isso que se considera que Maquiavel inaugurou a ciência política moderna, separando-a da ética e da religião e tratando o poder como um sistema com variáveis que devem relacionar-se com coerência em função da conservação e da reprodução seguras do próprio sistema de poder.

Benedetto Croce, em 1924-1925, em *Etica e Politica*, reconheceu claramente em Maquiavel estas dimensões: «é sabido que Maquiavel descobre a necessidade e a autonomia da política, da política que está para além, ou antes, para aquém, do bem e do mal moral, que tem as suas leis às quais é vão rebelar-se, que não se pode exorcizar e expulsar do mundo com a água benta. É este o conceito que circula em toda a sua obra» (...), representando «a verdadeira fundação de uma filosofia da política». Mas, continua Croce, o que foi esquecido em Maquiavel *foi a sua amargura pela natureza dos homens, ingratos, volúveis, cobiçosos. Natureza que obriga a que política se dote dessas normas técnicas que permitem dominá-los e vencê-los na sua maldade. Se fossem bons, reconhece Maquiavel, e sublinha-o Croce, estas normas não se lhes poderiam aplicar.* A valorização que Croce fará de Maquiavel e de Gianbattista Vico reside precisamente na complementaridade de ambos, lá onde a política-política de Maquiavel conhece em Vico um reconhecimento tal (como «drama da humanidade») que lhe permite que ela acabe por se conjugar com a «vida ética» sem perder a autonomia. De Sanctis chegara mesmo a ver na doutrina de Maquiavel uma revolução copernicana na concepção do homem que «tem na terra a sua seriedade, o seu objectivo e os seus meios» (para todo o Croce citado veja-se *Etica e Politica*, Roma-Bari, Laterza, 1973: 204-209).

*

O verdadeiro alcance do legado de Maquiavel (1469-1527) não foi compreendido pelos seus críticos, designadamente por Frederico II, que, como já disse, chegou a escrever um Anti-Maquiavel.

«Em política, dizei-me o que quiserdes, discuti, construí sistemas, apresentai exemplos, usai todas as subtilezas: apesar disso, no fim, regressareis ao conceito de justiça», dizia Frederico II (1712-1786) na sua crítica radical ao *Príncipe* (1513), em obra significativamente intitulada *Antimachiavel ou examen du Prince de Machiavel* (London/La Haye, 1741) e elaborada após reflexões conjuntas com o amigo Voltaire (Frederico II, 1987).

É uma obra com os mesmos vinte e seis capítulos (e iguais títulos) do *Príncipe* e pretende restabelecer, contra Maquiavel, o primado da justiça e da razão em face da obstinada corrupção da «política com a intenção de destruir os princípios de uma sã moral» (1987: 3). «O *Príncipe* de Maquiavel», diz Frederico II, «é semelhante aos deuses de Homero, fortes e potentes, mas iníquos. O autor ignora até o ABC da justiça e conhece só o interesse e a violência» (1987: 63). Se no *Telémaco* (1699), de Fénelon (1651-1715), «a nossa natureza parece aproximar-se da dos anjos», insiste Frederico II, no *Príncipe* a «nossa impressão é que ela, pelo contrário, se aproxima da dos demónios do inferno» (1987: 31). Pelo que desejo do futuro rei da Prússia era louvar «quem puder destruir completamente o maquiavelismo no mundo» e quem conseguir «libertar o público do preconceito que tem em relação à política, que deve ser um modo sapiente de governar e não um breviário de espertezas» (1987: 113-114).

Frederico II faz do *Príncipe* uma leitura crítica cerrada, não se limitando a refutar conceptualmente as teses de Maquiavel e chegando mesmo a contestar os próprios exemplos históricos em que ele apoia as suas teses. Esta crítica poderia servir de base reflexiva e textual para a sedimentação do que hoje se vem entendendo vulgarmente por maquiavelismo político.

*

Com efeito, se folhearmos alguns dicionários e enciclopédias, poderemos encontrar, na definição do conceito ou palavra maquiavelismo, por exemplo, o seguinte:

1. Em primeiro lugar, a mais famosa *Enciclopédia* de sempre «espèce de politique détestable qu'on peut rendre en deux mots, par l'art de tyranniser, dont Machiavel, le Florentin, a répandu les principes dans ses ouvrages» (Diderot, na *Enciclopédia*);
2. «o maquiavelismo é o sacrifício de todos os princípios a um só, o interesse; a violação de todas as leis da moral imoladas ao sucesso» *(Dictionnaire général*

de la politique, Paris, 1864; aqui se refere também as críticas de Frederico II e de Voltaire);
3. «conduta artificiosa e pérfida» *(Petit Larousse);*
4. «termo usado na literatura política para indicar a atitude de quem sacrifica todo o escrúpulo moral para conseguir o sucesso» *(Enciclopedia De Agostini);*
5. «interpretação utilitarista, decadente e arbitrária da doutrina de Maquiavel» *(Dizionario Garzanti);*
6. «doutrina segundo a qual ao Príncipe ou ao Estado é lícito recorrer a todos os meios (incluindo o assassínio) para alcançar os seus fins» *(Dicionário de Português,* da Porto Editora).

E assim é: interpretação arbitrária da doutrina de Maquiavel.

O verdadeiro sentido da obra de Maquiavel não corresponde, todavia, ao que se sedimentou no senso comum, nem à interpretação que dela fez Frederico II. Trata-se, bem pelo contrário, de uma obra que praticamente inicia a ciência política moderna, como defende Umberto Cerroni:

1. desvinculando o moderno Estado laico da religião e do eticismo;
2. considerando o Estado em si, como uma entidade autónoma com lógica própria e sem vínculos naturais e ideológicos;
3. conferindo, portanto, à política o significado de técnica do e para o poder (Cerroni, U., *Il pensiero politico*, Roma, Riuniti, 1966: 322-23).

Se é claro que Maquiavel não pôde formular em sentido moderno a questão da origem ou da legitimidade do poder, portanto, não pôde formular a teoria da *soberania popular*, ele, todavia, afirmou decisivamente a *autonomia do político,* ao mesmo tempo que revelou a verdadeira natureza *centáurica* de todo o Estado: a presença, neste, da *força* e da *razão* (embora fosse uma razão puramente técnico-instrumental), da «bestia e l'uomo», da raposa e do leão («la golpe e il lione»), precisamente como aquele «Chirone centauro» que serviu de preceptor a Aquiles (Machiavelli, 1966: 99). Como diz Maquiavel: «Coloro che stanno semplicemente in sul lione non se ne intendano».

Ele é, portanto, mais do que aquele demónio da moral e da política para que a tradição o remeteu. Maquiavel é, na verdade, o pai da política moderna. Não podendo formular a questão da soberania popular (apesar de a ela ter acenado, como vimos), tratou o poder de um ponto de vista sistémico, técnico-instrumental. Contra os vínculos naturalistas e religiosos, mas sem o vínculo da *legitimidade*. Precisamente como os sistémicos: o poder como máquina que se auto-reproduz funcionalmente. E aqui (posta a excepcional descoberta científica) está também o limite de Maquiavel e de todas as teorias que postulam a exclusividade da racionalidade técnico-instrumental em vista do sucesso, ou seja, da auto-afirmação do poder.

Ora, o poder, hoje, com a crise das *teorias da legitimidade*, da representação e das próprias concepções projectuais de sociedade, mas com um desenvolvimento científico enorme das técnicas de organização do consenso, acabou por assumir em muito as feições de um moderno maquiavelismo que se nutre do pragmatismo funcional característico das democracias pós-clássicas e das enormes concentrações de poderes económicos e mediáticos que lhe conferem uma capacidade quase ilimitada de se conservar, reproduzir e ampliar para além do próprio princípio do bem e do mal.

A moderna desideologização do poder político induziu de novo essa asséptica lógica técnico-instrumental de conservação e de reprodução do poder, agora através da nova figura do *Moderno Príncipe*, que é o partido político, o qual se torna, afinal, tanto mais instrumental quanto menos assumir aquilo que se afirmou institucionalmente depois de Maquiavel, isto é, o *princípio da soberania popular*, o *interesse geral* e os *conteúdos éticos do Estado*, reduzindo a política à gestão de expectativas e à manipulação retórica das sofisticadas técnicas de administração do consenso.

Na verdade, a moderna crise de valores, a crise das utopias ou dos valores projectuais de sociedade, a crise da legitimidade e da representação, associadas à irrupção de um novo poder técnico-científico de administração do consenso, acabaram por repor em marcha uma perigosa tendência para transformar o Estado em pura máquina laica de conservação do poder. Ora o que se verifica é que esta tendência para a afirmação de uma concepção instrumental da política não surge hoje, como em Maquiavel, para acabar com a anarquia feudal, mas sim, muitas vezes, para repor o poder corporativo dos grandes grupos económicos, os únicos, afinal, em condições de exercer um efectivo controlo sobre um poder mediático imprescindível a uma eficaz administração do consenso para fins políticos.

*

A escola maquiaveliana sempre teve sucesso no pensamento e na práxis política. Napoleão comentou, ao pormenor, «O Príncipe». Entre nós, no séc. XIX, um dos pais nacionais do integralismo lusitano, Gama e Castro, escrevia um *Novo príncipe,* mais *lione* do que *golpe,* para guia eficaz do poder absoluto. Mais recentemente, Adriano Moreira via nas Forças Armadas a figura do *Novíssimo Príncipe,* com propensão, portanto, a valorizar também mais a parte do *leão* do que a da *raposa* (Moreira, A., *O Novíssimo Príncipe. Análise da Revolução,* Lisboa, Intervenção, 1977: 87, 97).

Do *Moderno Príncipe* falou também Gramsci, atento e fino leitor de Maquiavel. A leitura que António Gramsci (1891-1937) fez de *O Príncipe* de Maquiavel sofreu muitas mediações, resultado evidente da sua complexa e sofisticada rede conceptual e das inúmeras referências culturais e científicas do seu pensamento. Por isso, nele o Príncipe, o *Moderno Príncipe*, em pleno «Século dos Partidos», é, naturalmente, o partido político. Porque é ele, o partido, que, na óptica gramsciana, prefigura o Estado e que, por isso, deve dispor de uma estratégia política capaz de conquistar, conservar e reproduzir o poder. Sendo o seu pensamento de inspiração marxista, ele, todavia, não concebe o Estado nem como Maquiavel nem como os marxistas, sendo que o primeiro o queria instituir como estrutura laica e moderna e os segundos o queriam superar como estrutura coerciva. Ou seja, não o concebe, como eles, de forma instrumental. É certo que a dimensão centáurica de Estado, assumida pelo Florentino, também é assumida por Gramsci na sua nova forma de combinação da força (*il lione*) com o consenso (*la golpe*): «outro ponto a fixar e a desenvolver», diz Gramsci, «é o da "dupla perspectiva" na acção política e na acção estatal». Há «vários graus em que se pode apresentar a dupla perspectiva, desde os mais elementares aos mais complexos, mas que podem reduzir-se teoricamente a dois graus fundamentais, correspondentes à dupla natureza do Centauro maquiavélico, felina e humana, da força e do consenso, da autoridade e da hegemonia, da violência e da civilização, do momento individual e do universal (da "Igreja» e do «Estado»), da agitação e da propaganda, da táctica e da estratégia» (Q., 1576).

Toda a teoria política gramsciana contempla estas duas dimensões, valorizando Gramsci, todavia, mais o *consenso* do que a *força*, mais a raposa do que o leão, mais a *hegemonia* do que a *autoridade administrativa*, mais a dimensão ético-política do que burocrático-administrativa e militar, e identificando mesmo a afirmação política e histórica com a capacidade de promover uma *reforma intelectual e moral* com vista à instalação de uma forma superior de civilização de sociedade, que ele identificava como «sociedade regulada».

O «Moderno Príncipe» de Gramsci é o partido e ele não pode confinar a sua acção ao momento táctico, às simples técnicas de conservação do poder, mas deve projectar historicamente a vontade colectiva, constituindo aquilo que ele designa por um novo *bloco histórico*, uma conjunção entre grupos sociais progressivos e *reforma intelectual e moral*. Gramsci usa o conceito de *hegemonia* num sentido não somente machiaveliano, marxista ou meramente político. A hegemonia consiste na *afirmação social e política de uma determinada concepção do mundo* capaz de mover as massas como se de uma força material se tratasse.

Gramsci, ao contrário da visão marxista oficial e da visão machiaveliana do poder, identifica a hegemonia como afirmação dominante ético-política e cultural de um «bloco histórico». A política perde, assim, a dimensão instrumental que assumia naquelas visões e ganha uma dimensão positiva, prospectiva, estratégica. De um modo geral, lá onde se defende uma activa intervenção do Estado para além da mera garantia de exercício das funções básicas (por exemplo, o Estado social), a política possui sempre uma dimensão prospectiva e estratégica, tal como lá onde se reduz o papel do Estado a estas funções (por exemplo, no Estado mínimo), a política se reduz a uma dimensão essencialmente instrumental.

Mas a verdade é que a crise das ideologias e a crise da representação, ou seja, a crise das teorias da legitimidade do poder, substituídas por meras teorias processuais da democracia, têm vindo a provocar um novo deslize da política para uma mera dimensão instrumental, como mera técnica para a administração do consenso, agora fonte exclusiva de conservação (ou de perda) do poder electivo. Aquilo que eram regras para garantir o poder do Príncipe perante os poderes nobiliárquicos e de tipo feudal, perante os Estados vizinhos e perante os súbditos, transformaram-se essencialmente em normas técnicas para conquistar, conservar e reproduzir o consenso, única garantia de preservação do poder e seu fundamento laico exclusivo. É certo que em vez dos poderes feudais temos hoje os grandes grupos económicos. Mas, hoje, tal como estes disputam soluções políticas de forma indirecta (e algumas vezes de forma directa, como Berlusconi), designadamente, através dos media, assim o poder político lhes responde com alianças tácitas e/ou com directo combate na opinião pública. As normas técnicas de Maquiavel foram, nos nossos tempos, transpostas, no essencial, para os partidos políticos e, mais recentemente, para a esfera onde se processa toda a política «guerra de posição» ou de «movimento», para usar os conceitos de Gramsci – a esfera da *opinião pública*. Poderíamos, assim, sintetizar a evolução desde Maquiavel até hoje, através de três momentos essenciais, numa dialéctica de tipo hegeliano, a famosa *Aufhebung*: da «Corte» aos «Partidos Políticos» e destes ao «Sistema Mediático», ou melhor, à «Corte Mediática». Se esta última, por um lado, da velha «Corte» conserva as normas teatrais de comportamento político (como se vê exemplarmente no *Breviarium politicorum* de Mazzarino), por outro, dos «Partidos Políticos» ela conserva a universalidade virtual de acesso ao jogo político, *superando, finalmente, ambos, mas conservando deles o essencial*. Ou seja, as normas mantêm-se e sofisticam-se, mas no interior de um espaço público que agora é universal, acessível e directamente visível ao olhar do cidadão comum. Berlusconi representa modelarmente este novo estádio do «Novo Príncipe Pós-Moderno»: poder material (político e económico) e poder simbólico, ambos conservados, reproduzidos e alargados, através da titularidade de meios e de sofisticados sistemas operacionais de conquista do consenso popular, num espaço público de novo tipo. E é à crescente convergência de uma política meramente instrumental e democraticamente anémica com as sofisticadas e poderosas técnicas de administração do consenso que se deve precisamente a emergência de um «Novo Príncipe Pós-Moderno» em condições de conquistar, conservar e reproduzir o poder, ao serviço de interesses que estão mais próximos dos poderes feudais e nobiliárquicos do que daquele «interesse geral» de que falavam os contratualistas dos inícios da modernidade. Ora, Berlusconi representa muito bem tudo isto! O neomaquiavelismo, na verdade, assume hoje a forma de um verdadeiro neocorporativismo.

Saudades de Maquiavel

RUI BERTRAND ROMÃO

RUI BERTRAND ROMÃO é professor na Universidade da Beira Interior e investigador no Instituto de Filosofia da Linguagem da Faculdade de Ciências Sociais e Humanas da Universidade Nova de Lisboa. Coordena o projecto financiado pela FCT, *Cepticismo e Conservadorismo* (2010-). Integrou como investigador o projecto *Filosofia, Medicina e Sociedade* (2006-2010), também financiado pela FCT. Foi investigador visitante no *Graduate Center of the City University of New York*. Autor de numerosos artigos, publicou, entre outros, os livros *Caminhos da Dúvida: cepticismo, protomodernidade e política*, Lisboa, Edições Vendaval (2010), *Montaigne e a Modernidade*, Covilhã, UBI (2010), *A Apologia na Balança*, Lisboa, Imprensa Nacional-Casa da Moeda (2007) e *Quid? Estudos sobre Francisco Sanches*, Porto, Campo das Letras (2003).

Saudades de Maquiavel

RUI BERTRAND ROMÃO

No meio de tantas interpretações da obra que nos legou, de interpretações dessas interpretações, de minuciosos estudos sobre particulares e ignotos aspectos seus biográficos, bibliográficos e outros, de múltiplos empregos do seu nome e de doutrinas que do seu nome se valeram e valem, surpreendo-me por vezes a sentir a falta do engenho do fértil humanista e Secretário florentino cuja memória em tão feliz hora, pela meritória iniciativa do Prof. António Bento, reuniu este grupo de académicos para do seu pensamento falarmos e da sua actualidade discutirmos.

Quando se tem saudades de alguém ou do que esse alguém de certo modo representa, junta-se ao sentimento de uma ausência o anseio de uma impossível presença. A tensão paradoxal que o saudoso desejo encerra mais aguda, diria mesmo, mais emblematicamente aguda, se torna quando a potencia o contraste de tempos diversos. De um lado: o que se foi, o que foi ou o que imaginamos haja sido, mas em todo o caso, sabemos que já não é, sentido e ressentindo o que sabemos. Do outro: o que ainda não se foi, quer dizer, o que supomos no momento seja.

Valorizarei mais o que mais perto de mim se encontra ou o que vejo a maior distância? O conhecido como agora actuante ou o lembrado de ontem? O que nos horizontes da minha circunstância age com nitidez ou o que pressinto a flutuar por entre uma envolvente neblina que tudo esfuma e envolve?

A tendência vulgar, quiçá a mais comum no cômputo global das eras talvez seja a que o sujeito liga ao instante em que ele se acha. Esta suposição pode carecer de relativização, mas em todo o caso, não será ilegítimo dizer que tal tendência seguramente hoje parece predominar, porventura graças a razões, algumas mediáticas, algumas delas do foro puramente comercial, que também têm que ver com o que se poderia designar, de um modo genérico, de "culto da circunstância".

Curioso, então, é observar o que neste preciso momento deixo com tamanha clareza perante todos visível como por mim mesmo a ser cometido. O pecadilho de em relance de juízo histórico (que talvez se pudesse apodar de precipitação historicista) forçosamente parcial minar a pretendida neutralidade da resposta a dar à questão colocada. Estarei eu, porventura, a apresentar o tema de maneira um tanto viciosa pois, sob o pretexto de uma reflexão moderadamente relativizadora sobre um dilema de valores, pareço-me achar à partida a condenar uma das posições, a da valorização do actual, sem contudo explicitamente o afirmar nem a substanciar por sólidos argumentos e sem dar indicações precisas de deveras querer dilucidar a problemática envolvida.

Algo de análogo, mas em sentido contrário, aparentemente se passa com a famosa frase do início do prefácio ao Livro II dos *Discorsi sopra la Prima Deca di Tito Livio*: "Laudano sempre gli uomini, ma non sempre ragionevolmente, gli antichi tempi, e gli presenti accusano: [...]"[1]. Ou seja:

---

[1] Esta, tal como as demais citações deste livro aqui feitas, foi tirada de uma edição disponível *online*, no endereço: www.intratext.com/IXT/

"Louvam sempre os homens, mas nem sempre razoavelmente, os tempos antigos, e acusam os presentes: [...]". Um traço permanente da natureza humana indicia assim o nosso Autor. O louvor universal, em todos os lugares e períodos, aplica-se ao passado, segundo ele. Para trás volve com apreciação o olhar toda a gente. Quando o diz quem o diz e como o diz, fá-lo para denunciar o hábito, tanto mais que desde logo insinua a pouca razoabilidade de que ele se pode revestir. "Laudano sempre [...] ma non sempre ragionevolmente".

Simples possibilidade aventada como hipótese remota que por prudência há que se contemplar em se pronunciando em tom um pouco categórico uma sentença? Possibilidade, sem dúvida, mas lançada decerto para ferir o hábito denunciado. O jogo contrastante entre o dito sempiterno louvor e a apontada impermanência de razão a assisti-lo mergulha em espumosa suspeita a eventualidade de esta assomar e mais ainda a ocasião da sua ocorrência. Quando se qualifica de intermitente a razão dissemina-se a incerteza acerca da sua aplicação e de quem é suposto ser seu detentor.

Cruzam-se então duas contraposições aqui: a das atitudes do louvor e da acusação e a dos objectos de juízo a ter em conta, ou seja, a que se estabelece entre a antiguidade e a actualidade. Maquiavel escreve esta passagem numa obra de comentário a um grande clássico da história latina cuja actualidade ele logo no começo do I livro proclamara e que nos capítulos que se lhe seguiram amplamente confirmara. De resto, no "Proémio" do livro inaugural bem insistira ele no papel exemplar do narrado nas histórias acerca da antiguidade, apelando à imitação.

ITA1109/_IDX006.HTM. Esta edição IntraText da Eulogos segue o texto da edição em suporte de papel das obras de Maquiavel com a seguinte referência: Niccolò Machiavelli, *Tutte le opere*, Sansoni editore, Firenze 1971. As traduções são minhas.

Portanto, o subtexto do que o leitor até se afrontar com o II Livro lera pareceria em grande parte apoiar a admiração pelo passado, e não um qualquer e abstracto passado, mas, antes um bem determinado e concreto passado, o glorioso da Roma antiga. Todavia, a própria circunstância de o Autor na sua obra comentar um texto histórico sem deixar de exibir, quer firmemente olhado quer relanceado de esguelha, o horizonte do presente como campo de aplicação dos ensinamentos respigados na contemplação do ido, ao longo das páginas do I Livro abundantemente se valendo tanto dos *exempla* da Roma antiga como dos da Itália moderna, sugere que essa admiração se equaciona com a reflexão sobre a contemporaneidade.

Poder-se-á aqui dizer que os exemplos acabados de mencionar embora desenrolados a grande distância temporal concernem ambos a mesma categoria, a do passado, um, o longínquo, cujo acesso não passa de indirecto, o outro, o recente, acessível também através de intermediários mas igualmente por via directa, uma vez que os acontecimentos que se lhe ligam podem haver sido presenciados por quem deles hoje fala.

A inclusão no guarda chuva do passado de duas realidades de modo tão diferente acessíveis, contempla-a Maquiavel precisamente na sua sentença sobre o louvor dos tempos antigos, porquanto logo a seguir ao termo "accusano" e dele separado pelo sinal de dois pontos diz ele "ed in modo sono delle cose passate partigiani, che non solamente celebrano quelle etadi che da loro sono state, per la memoria che ne hanno lasciata gli scrittori, conosciute; ma quelle ancora che, sendo già vecchi, si ricordano nella loro giovanezza avere vedute." Isto é: "eles [os homens em geral surpreendidos a tecer laudas aos tempos antigos] são de tal modo partidários das coisas passadas que não somente celebram as de épocas idas por eles conhecidas através das memórias delas deixadas por escritores, como também as que, já velhos, se recordam de haver visto na juventude".

Eis-nos perante dois passados, o remoto e o geracional, e perante duas dimensões do passado e sobretudo do conhecimento do passado e da sua possibilidade, a historiográfica e a psicológica. O indivíduo surge, pela unidade do fenómeno, alcandorado à estatura da espécie e esta, pela mesma via, reduzida à insignificância do singular e por ela multiplicada. Os homens são o Homem, cuja natureza o leva a virar-se para o ido, enaltecendo-o, e a criticar, senão desprezar, o que por ele, ou eles, está a ser vivido, duas atitudes, lembremo-lo, desde logo qualificadas de "nem sempre" razoáveis. A assimilação, insistamos, implica também que a um mesmo nível ou estado de igualdade se ponham conhecimentos hauridos por intermédio do testemunho escrito de terceiros e referentes a acontecimentos distantes e recordações de ocorrências de algum modo vividas pelo sujeito que recorda. As possibilidades de deformação, incluindo o que concerne a idealização, diferem entre si como entre si diferirão as tipologias dos seus fautores mas aqui aparecem niveladas e apariadas.

Maquiavel, em se debruçando sobre as razões da ocasional falta de razão aos homens imputada, começa por endurecer o discurso, pois aquilo que primeiro apresentara como episódico e através da negação de um atributo positivo, o da posse da razão, expõe ele agora, num aparte murmurado de passagem, como de grande frequência, denunciando-o por meio de um atributo negativo, a falsidade: "E quando questa loro opinione sia falsa, come il più delle volte è, mi persuado varie essere le cagioni che a questo inganno gli conducono." ["E quando esta sua opinião é falsa, *como as mais das vezes é*, estou persuadido que várias razões a esse engano os conduzem"].

Das várias razões apontadas da falsidade denunciada, duas são as relevadas pelo Autor e de imediato por ele registadas e glosadas, ambas dizendo respeito à dimensão historiográfica do passado e, afinal, ao passado que crismámos de remoto, se bem que o contraste entre este e o outro seja precisamente invocado a propósito da explanação de uma das razões.

A primeira razão, que se pode de alguma maneira considerar epistemológica, tem que ver com a imperfeição do conhecimento das coisas antigas, ou mais propriamente segundo o que diz Maquiavel, da ausência da compreensão da sua verdade. Nas suas palavras: "E la prima credo sia, che delle cose antiche non s'intenda al tutto la verità" ["E a primeira creio que seja que das coisas antigas não se saiba de todo a verdade"]. Esta minha versão afasta-se um pouco da mais habitual, segundo a qual "Intendere al tutto la verità" significa saber a verdade toda, o que faz com que a frase seja traduzida como: "E a primeira creio que seja que das coisas antigas não se saiba toda a verdade". Creio bem que esse saber é aqui simples e liminarmente negado, além do mais se insinuando que ele é interpretativo. Ainda porém que a negação não seja completa e se trate apenas de uma restrição ou negação parcial, nada de deveras significativo se altera quanto ao essencial, pois em qualquer dos casos, independentemente da leitura que se fizer da expressão sobre que nos interrogámos, aquilo em que Maquiavel insiste, como se vê, pelo seguimento do texto é o que se relaciona com o efeito de distorção trazido pelo preconceito que consiste em homogeneizar todo o espírito de uma idade, acentuando-se o que está em conformidade com o sucesso dos acontecimentos, quer no sentido do exagero de glorificação quer na eliminação das sombras, sobre eles lançadas: "e che di quelle il più delle volte si nasconda quelle cose che recherebbono a quelli tempi infamia; e quelle altre che possano partorire loro gloria, si rendino magnifiche ed amplissime" [" e que as mais das vezes se esconda aquelas coisas que trariam a esses tempos infâmia e que se amplifiquem e tornem magníficas aqueloutras coisas que possam contribuir para a sua glória"].

Dir-se-ia que escrever para a posteridade ou meramente narrar o passado implica pintar grandes frescos sem matizes nenhuns, sem justamente dar azo a que se represente o que se tem para representar através da técnica pictórica do *sfumato*, criada, aprimorada e exaltada aos píncaros máximos pelo também inventor do termo, Leonardo Da Vinci, contemporâneo de Maquiavel, um pouco mais velho que ele. Ainda que o *sfumato* vinciano seja deveras único, o de outros mestres de então que o emulam, sejam discípulos directos e dilectos ou não, acaba por vir a se lhe aproximar. Do mesmo modo, a escrita maquiaveliana possui qualidade comparável. De resto, só alguém que tudo visse, no concernente às vidas dos homens, suas motivações, actos e obras com um olhar atento ao *sfumato*, poderia fazer uma observação como aquela que acabámos de ver ele fazer.

A crítica de Maquiavel atinge decerto todos os tipos de idealização de uma época que não hesitam em apagar o que não convém e em embelezar o vantajoso, mas mais ainda que a hipócrita idealização cumprida em plenitude de consciência da sua tarefa de falseamento dos registos e narrativas parece ela atingir as idealizações que tantas vezes involuntariamente se levam a cabo, graças à impossibilidade de não se ver todas as coisas excepto a preto e branco e em tons carregados, como se de caricaturas se tratassem. Cada qual, quando se aplica ao estudo dos acontecimentos volvidos e da fortuna dos Estados e dos homens precisa de ter em atenção os riscos que necessariamente corre, em virtude da força de hábitos adquiridos e do poder do preconceito.

Esta crítica inevitavelmente cumpre o enaltecimento do fino e subtil exercício do juízo, que, afinal, podemos já afirmá-lo, é o grande tema deste Proémio do 2º Livro dos *Discursos*. O juízo do historiador, sem dúvida, mas decerto também o de todo e qualquer espectador das contendas e vicissitudes políticas que sobre elas se pretenda pronunciar e a partir delas reflectir, e o de quem quer que escreva.

Realça precisamente a necessidade de uma criteriosa aplicação do juízo, fazendo-o por contraste, a denunciada prática dos escritores que por zelo da sua cega obediência "à fortuna dos vencedores" empolam quer as acções dos vencedores "operadas com *virtù*" quer os feitos dos vencidos, inventando motivos de admiração que o Autor frisa bem que se distribuem pelos dois campos dos inimigos, os favorecidos pela deusa Fortuna e os outros, de alguma maneira paradoxalmente igualizados àqueles por uma prática de escrita obnubilada. O deslumbramento realista, ou pseudo-realista, em que por vezes alguns leitores de Maquiavel caem ganharia porventura em ser temperado por uma semelhante dose de judiciosa cautela, que evita qualquer cega obediência incluindo a que a subordinação à factualidade triunfadora dita. Tal deslumbramento por mais realista que se pretenda não deixa assim de constituir uma espécie de idealização.

Quanto à razão do louvor do Antigo e detracção do Actual que qualificámos de psicológica, consiste ela na ausência de motivação passional face ao passado e na sua existência no que ao presente se refere: "(...) odiando gli uomini le cose o per timore o per invidia, vengono ad essere spente due potentissime cagioni dell'odio nelle cose passate, non ti potendo quelle offendere, e non ti dando cagione d'invidiarle. Ma al contrario interviene di quelle cose che si maneggiano e veggono (...)". Traduzo: ["odiando os homens as coisas ou pelo medo ou pela inveja, extinguem-se a respeito das coisas passadas duas poderosíssimas razões de ódio, não podendo aquelas nem dar azo à ofensa ou à inveja. Mas o contrário acontece a respeito das coisas que se presenciam e vêem"]. Um caso mais este em que o juízo se vê impedido de se exercer adequada e livremente, desta feita não pelo puro desconhecimento ou por uma perspectiva preconceituosa firmemente arreigada nos hábitos mentais, mas simplesmente por efeito do par de paixões pelo Autor vistas como geradoras de repúdio entre os homens: o medo e a inveja.

Esta razão é bem curiosa até porque surge demarcada pela negação. Fala Maquiavel de razões de ódio, sentimento negativo. Nega ele a sua efectividade no respeitante ao passado, afirmando-o a propósito do presente. Destarte, as paixões mencionadas são concebidas como actuantes apenas no que toca as coisas do agora. Pelo que, se pode olhar para o que hoje se passa de forma perturbada pela paixão, ao passo que se observa o passado à margem do apelo e da intervenção das paixões. Quer isto dizer que se pode louvar o antigo e depreciar a actualidade, sob o impulso de paixões inibidoras do acerto de juízo, a partir de uma perspectiva dominada pela actualidade e que se pode elogiar o antigo e apoucar o presente judiciosa e racionalmente a partir de uma perspectiva centrada no passado.

A balança está já a pender para este. Vai ele à frente. Viva a Antiguidade e o juízo adestrado no seu estudo! Só a apreciação deste é válida à luz da razão ainda que possa tal apreciação ser desfavorável ao antigo preferindo-lhe o moderno.

Prestado o devido esclarecimento acerca do preciso âmbito da reflexão, restringido ao domínio do que não é por si evidente, ou seja, ao atinente ao que carece de comprovação pelo testemunho alheio, "a vida e os costumes dos homens", Maquiavel reitera o pensamento com que encetara o Proémio mas em chave diferente: "Replico, pertanto, essere vera quella consuetudine del laudare e biasimare soprascritta; ma non essere già sempre vero che si erri nel farlo." ["Reitero, portanto, deveras existir aquele hábito de louvar e censurar acima referido, mas já não sempre errar-se ao incorrer nele"].

O costume antes descrito como nem sempre razoável e denunciado como opinião as mais das vezes falsa revela-se agora, através de uma negativa similar à que relativizara a afirmação inicial, como nem sempre errónea.

A verdade uma vez mais aparece em *sfumato*, nem toda de um lado nem tão-pouco exclusiva do outro mas neste e naquele conforme o ajuste ao carácter da ordenação política. Nem todas as coisas são dignas de elogio ou reprovação tanto no antes como no agora, já que os tempos não decorrem na imobilidade. Imutável? Só mesmo a natureza humana e o milagre em que consiste toda a evidente obra de arte. O resto muda, ora para melhor ora para pior, para cima e para baixo, inclinando-se já para aquele lado já para aqueloutro. Se quando se está no topo se suspira pela era em que se estagiava no rés do chão, grassa crasso o engano. Se o tempo é o de se rastejar pelo subsolo, tontice seria não sentir a falta do período em que se pairava lá nos cumes tocados pelas nuvens, acaso a deusa Fortuna bafejou o despromovido com o mero conhecimento de tão glorioso estado. Variam as circunstâncias, não varia a substância do mundo. Mudam as vicissitudes, e também os próprios homens, o Homem é que não muda. A própria composição de um mundo sempre surpreendido em movimento e mutação é estável, alterando-se porém o peso relativo dos elementos: "giudico il mondo sempre essere stato ad uno medesimo modo, ed in quello essere stato tanto di buono quanto di cattivo; ma variare questo cattivo e questo buono, di provincia in provincia" ["Ajuízo que o mundo sempre esteve do mesmo modo e nele sempre ter havido tanto de bom quanto de mau, mas que este bom e este mau variam mudando de lugar"].

Ajuízo... O mais difícil e que urge saber fazer é julgar bem, ajuizar sabiamente. O Juízo pode ele bem variar pois o seu valor tal como o das nações, pré-hegelianamente concebidas, conhece crescimento, apogeu e ... declínio. Os velhos amiúde mal julgam acerca da comparação entre as idades que foram vivendo porquanto seu discernimento naturalmente degenerou. Os desejos e os gostos mudam-se como os tempos e o juízo. Saber exercer este de modo justo aplicando-o tal como ao demais à interpretação dos tempos e do seu valor relativo é uma tarefa suprema e que o nosso Autor procura acima de tudo "Non so, adunque, se io meriterò d'essere numerato tra quelli che si ingannano, se in questi mia discorsi io lauderò troppo i tempi degli antichi Romani, e biasimerò i nostri. E veramente, se la virtù che allora regnava, ed il vizio che ora regna, non fussino più chiari che il sole andrei col parlare più rattenuto, dubitando non incorrere in questo inganno di che io accuso alcuni." ["Não sei se eu merecerei ser numerado entre aqueles que se enganam, se nestes meus discursos eu louvarei demais os tempos dos antigos romanos e censurarei os nossos. E verdadeiramente se a virtude que então reinava e o vício que agora reina não fossem mais claros que o Sol falaria com mais moderação, duvidando não incorrer neste engano que acuso alguns"].

E finalmente Maquiavel aqui confessa que louva de facto o tempo da Roma antiga e lastima o seu, que exalta a virtude de outrora e despreza o vício de agora. Mas o mais importante não residia aí. Consistia isso sim em mostrar o itinerário da razoabilidade. Ele louva o ontem e deprecia o hoje porque o seu juízo bem fundamentado o leva a fazê-lo e porque tal como a beleza de uma estátua de Fídias as qualidades da Roma Antiga e as da Florença moderna se mostram por si mesmas.

Nestes tempos em que as subtilezas mais que nunca se vão esvaindo até o desaparecimento total, em que se vêem por toda a parte caricaturas e minguam os retratos inteligentes, em que se assiste à proliferação de míriades de insignificâncias e à escassez de manifestações de *virtú*, em que grosseiras versões de maquiavelismo treslido ocultam a memória da glória intelectual dos Renascentes que levaram a imitação a uma excelência inultrapassável, nesta era em que muitos querem convencer-nos que as mudanças, incluindo as económicas, só ocorrem para melhor, torna-se a todo o instante impossível, sempre que se lêem e relêem os textos do Florentino, ditados pelo seu superior juízo – verdadeiro milagre de escrita e pensamento a evidenciar-se como obra de arte –, torna-se impossível, dizia, não ter saudades de Maquiavel.

Maquiavelo
e o proxecto político burgués

MANUEL ANXO FORTES TORRES

MANUEL ANXO FORTES TORRES nasceu en Vilagarcía de Arousa (1957), província de Pontevedra (Galiza). É licenciado en Filosofia e Psicologia pela Universidade de Santiago de Compostela. É doutor en Filosofia pela mesma Universidade, com uma tese intitulada *Lectura filosófica marxista de Maquiavelo*. Actualmente exerce a docência de Filosofia no *Instituto de Educación Secundaria* "Auga da Laxe", em Gondomar (Pontevedra – Galiza). É autor de numerosos artigos nas áreas da teoria política e da filosofia política. Em 2006 publicou *Maquiavelo* (A Coruña, Baía Pensamento).

Maquiavelo
e o proxecto político burgués

MANUEL ANXO FORTES TORRES

Enténdese a teoría política maquiaveliana organizada sistematicamente a través de: o realismo político e a razón de Estado. Consideramos principios subxacentes: a inmanencia, a autonomía da política e a uniformización dos feitos ou datos políticos.

Pensamos que eses principios están a expresar unha nova concepción da verdade, a verdade moderna, da que Maquiavelo é expresión política; neste sentido, representámonos unha dependencia esencial do seu pensar respecto dunha nova conciencia que está a formarse.

A partir do cal concluímos que, como realización política da orde burguesa nacente, esta sinala os límites da súa construción teórica e da praxe subseguinte, por canto depende, no que lle é esencialmente anterior, da mesma.

Realismo político, uniformización, verdade moderna, orde burguesa.

1.
Para o noso propósito neste traballo quizais sexa conveniente comezar lembrando o ámbito, de tipo socioeconó-

mico, no que se orixina o pensar maquiaveliano. O feito de que de seguro todo iso sexa ben coñecido xustifica a brevidade do que expoñeremos, mais, en todo caso, pensamos que non está de máis esta referencia, senón que o seu recordo axudará á defensa da nosa lectura.

1.1.
Característica desa época histórica, para toda Italia, era a súa fortaleza manufactureira, comercial e financeira[1]. Como resumo desa potencia económica, podemos referirnos ao seguinte: arte da seda en Nápoles; fábricas de armas recoñecidas en Milán e Brescia; Venecia -a primeira potencia industrial da época, segundo F. Braudel- tiña fábricas de vidro, azucre e xabón, sen falar do xigantesco Arsenal de naves, onde construía e reparaba; e máis importancia, para a riqueza, tivérona o comercio e a banca, sendo Venecia a primeira potencia comercial do Mediterráneo, pero non a única potencia comercial de Italia; e, polo que fai á banca, é imposíbel esquecer aos banqueiros xenoveses, sobre todo, aínda que tamén os houbo de importancia noutras cidades, como Lucca, ou, mesmo, Roma.

En consecuencia con esta situación de riqueza asistimos, especialmente en Italia, ao nacemento e crecemento dunha clase de home dedicado aos diferentes negocios, manufactureiros, comerciais, financeiros, que está a abrir o camiño á figura característica dun sistema económico que aí ten a súa orixe ou os seus primeiros pasos[2]. Trátase do descubrimento dunha mentalidade que vai considerar a ganancia como o seu fin propio, de modo que todos os seus afáns estarán "neste mundo", no que a súa vida e os obxectivos que a caracterizan terán a súa exclusiva localización.

Entendemos, e non só nós, evidentemente, que non resulta esaxerado afirmar que estamos a asistir ao nacemento

---

[1] (Procacci, 1978: 124).
[2] (Delumeau, 1977: 288).

do capitalismo e, así, da clase dirixente dese sistema económico e da mentalidade que, cos seus conseguintes valores, o fai posíbel[3]. E, como consecuencia lóxica, a dirección da economía converterase tamén na dirección da política. Nalgúns lugares isto manifestarase así directamente; e noutros será preciso proceder a certos compromisos, que, no fondo, acabarán por ser máis de aparencia que reais, pois o goberno estará, de feito, en función do poder económico.

1.2.
Dentro de Italia, Florencia non estará, nin moito menos, á cola deses movementos económicos, sociais, políticos e de valores; antes ben, quizais aí poidamos situar precisamente unha das súas vangardas.

O poderío da cidade toscana e o seu papel preponderante nestes tempos semella ben difícil de cuestionar: o comercio, a industria da la primeiro e da seda despois e, sobre todo, a banca, até case poder dicir que as altas finanzas na súa forma capitalista moderna son unha invención florentina, son evidencias indiscutíbeis[4].

Eses industriais, comerciantes, financeiros, os estamentos representativos do poder económico que se fixeran co control da economía urbana consideraron que iso os lexitimaba para dirixir a política da cidade: os que manexaban os fíos da economía terían, loxicamente, que constituír tamén a clase dirixente política[5]; até o punto de que, vitoriosos sobre a nobreza feudal, estableceran un ordenamento xurídico no que se vise recoñecido ese papel dominante. Eles, a clase dirixente, conformará o pobo de Florencia (excluída, como diciamos, a nobreza, pero tamén a plebe e o campesiñado)[6]; esta clase dirixente será o suxeito

---

[3] (Bernard, 1991: 333-334); (Arrighi, 1999: 115); (Marx, 1975: 895).
[4] (Arrighi, 1999: 120).
[5] (Tenenti, 1974: 26).
[6] (Tenenti, 1974: 29).

político da época maquiaveliana; sendo os conflitos no interior da cidade, conflitos entre os diferentes sectores da mesma.

1.3.

Son, pois, resumindo o anterior, dúas as características principais do seu momento histórico peculiar: a riqueza e o desenvolvemento económico italiano e, particularmente, florentino, por unha banda; e o acceso ao poder político, en consecuencia coa súa situación económica, da clase detentora do poder económico, xa con certa precocidade en Florencia, por outra. E sendo, por tanto, unha situación asumida e que xa non se pon en cuestión, toda vez que xa non hai conflitos coa nobreza, senón que os membros desta que acceden ao poder político farano pola súa integración no poder económico, que é o criterio real. Todo isto vén sendo, por así dicir, como o chan no que vive o noso autor: e entendemos que marca claramente o contexto epocal do seu pensar.

2.

Entrando xa en Maquiavelo, contamos cunha lectura ben coñecida del que o ve como un técnico ou científico da política; de aí derivarase a consideración da mesma como neutral; ou sexa, utilizábel a discreción, segundo o interese, ou funcional ao interese, de quen se sirva dela. Tamén de aí deduciríamos, entre outras posíbeis cousas, claro está, que o pensamento político do florentino non deberiamos axuizalo de inmoral, senón, en todo caso, de amoral.

2.1.

A metáfora do xadrez de Cassirer quizais sexa unha das máis acabadas presentacións desta interpretación[7]. Segundo esta Maquiavelo vía as loitas políticas como se

---

[7] (Cassirer, 1997: 170).

fosen un xogo de xadrez. Estudara as regras do xogo polo miúdo; mais non tiña a menor intención de criticalas ou de cambialas. A súa experiencia política lle ensinara que o xogo político sempre se xogou con fraude, con engano e traizón. El non recomendaba nin censuraba estas cousas. A súa única preocupación era dar coa mellor xogada –a que gana o xogo-. Ás veces movía a cabeza cando vía unha ma xogada; outras veces prorrompía en admiración e aplauso.

2.2.
Por unha banda esta interpretación seméllanos que recolle de modo satisfactorio aspectos relevantes do pensar político maquiaveliano; pero, por outra, achamos na mesma unha insuficiencia, que se asenta, desde o noso punto de vista, nunha restrición que a mesma se impón: a de presentarnos a teoría política do florentino, pero sen entrar en fundamentacións que a transcendan.

Por isto mesmo, quizais poderíamos dar aí co que puidese ser o máis radical maquiavelismo, por canto ese modo de facer política preséntase como inevitábel; condenando calquera crítica ao limbo das meras ideas ou a un inxenuo utopismo irrealizábel, por ir contra a natureza mesma das cousas. Ou sexa, a política é así, fatalmente, e non lle hai que facer.

3.
Pretenderemos, no que segue, tanto xustificar a valoración positiva como a insuficiencia mencionada da lectura citada; pois iso permitiranos presentar as liñas principais da nosa. Para o que ofreceremos unha exposición sucinta das ideas políticas de Maquiavelo; pois, sendo estas ben coñecidas, non fai falla que nos deteñamos nas mesmas, a menos, como si faremos, que consideremos ese aspecto de particular relevancia para a defensa das nosas teses.

Seguidamente, procuraremos localizar os que entendemos supostos operantes nas antedita ideas políticas; para, a continuación, mostrar unha análise crítica destas; e finalizaremos cunhas breves consideracións sobre a actualidade do florentino, que se derivan do anterior.

4.
4.1.

Entramos no pensar político de Maquiavelo coa identificación da que vemos como a súa idea clave: a do realismo político[8]. E realismo non vén sendo senón o intento de expresar cómo é a política e non como deba ser. Trátase de que, como diría o mesmo florentino, é máis conveniente ir directamente á realidade das cousas que á simple imaxinación das mesmas; pois son moitos os que teñen imaxinado repúblicas e principados que nunca existiron na realidade. E é que, pensa, hai tanta distancia entre cómo se vive e cómo se debería de vivir, que quen non se preocupe do que se fai senón do que se debería facer, aprende antes a fracasar que a sobrevivir[9].

En fin, trátase de recoller a práctica efectiva da política, as regras que a orientan; e como son e cales son as motivacións dos seus axentes.

4.2.

E ao atender á motivación dos seus axentes, o que aí atopamos é o interese como leitmotiv[10].

Tanto o individuo particular como o político teñen como norte a defensa do interese propio; pero, evidentemente, o interese propio do político non será o dese suxeito individual que el é, senón que, precisamente polo seu carácter de político, o interese a defender será o do Estado, da comunidade, que representa, da que é, nalgún modo, encarnación; e que isto é así, que os conflitos polí-

---

[8] (Ehnmark, 1988: 11).
[9] (Maquiavelo, 1971: 280).
[10] (Gilbert, 1970: 136).

ticos son conflitos de intereses e que isto é o que move o mundo[11]; e que, polo tanto, debe telo claro todo aquel que pense en dedicarse á política, é, entre outras cousas, pero unha das fundamentais, o que tenta deixarnos claro Maquiavelo.

4.3.
Ser realista significa, fundamentalmente, asumir o criterio último de decisión política, que non é outro que a razón de Estado ou ben da patria[12]: o interese do que acabamos de falar. E en función deste fin valoraranse os medios a empregar; isto é, se o fin é a defensa e mantemento do Estado, todo medio vale sempre que sirva a ese obxectivo[13]. Ser realista quere dicir, así, ter como norte a liberdade e a seguridade, pois nelas consiste o tal ben do Estado, o seu interese, que tamén se identifica co ben común.

4.4.
Como acabamos de dicir, os medios xúlganse segundo a súa funcionalidade respecto da finalidade última política mencionada, polo que se está a determinar a especificidade política dos mesmos e a negativa a aceptar (como irreal, en definitiva) calquera outro criterio axiolóxico que non sexa estritamente desta índole.

4.5.
En orde a acadar iso que é o obxectivo do político, débese dotar ao Estado dunhas boas leis, que a todos obriguen e que todos deben respectar; e que contemplen previsións para toda sorte de perigos (como estados de excepción, por exemplo: os ditadores para tempos de crise).

E o mellor modo de organización, a mellor estrutura xurídico-política, será aquela que favoreza a dirección da

---

[11] (González, 1992: 109).
[12] (Del Águila, 1990: 124).
[13] (Maquiavelo, 1971: 249).

política pola virtude[14]; que non impoña liderados ríxidos inaxeitados, senón que permita a flexibilidade en función do que os tempos demanden; que tenda sempre ao común e que poña atrancos (se non impida, máis ben) toda posíbel patrimonialización do poder. E esa opción é a republicana (sinaladamente, para tempos de normalidade); mais non é unha opción absoluta, pois o único absoluto é o ben do Estado ou da patria; e este pode demandar, para tempos de excepción (fundacións, épocas de grave crise ou extrema corrupción ...), o recurso a fórmulas menos participativas (principados, ditadores, ..).

Tamén hai, por outra parte, unhas condicións materiais, de igualdade social, para que sexa preferíbel a república, mentres que se estamos nunha pura sociedade estamental, desigual, a opción que hai que tomar é a dun poder unipersoal[15].

4.6.

As boas leis debemos acompañalas cunhas armas propias, non mercenarias nin auxiliares, senón unha milicia popular, coa que defender e facer respectar os nosos intereses; pois só "o *pobo* en armas" participará nas guerras activa e decididamente, ao identificar a defensa da patria coa defensa dos intereses propios, o que en modo algún, antes ben ao contrario, aseguran os outros tipos de exércitos.

Isto, ademais, sería unha mostra de virtude cívica, de patriotismo.

4.7.

Tamén se é realista asumindo a diverxencia de intereses entre os axentes sociais que integran a cidade[16]; podería-

---

[14] (Maquiavelo, 1971: 20).
[15] (Maquiavelo, 1971: 138-139).
[16] (Maquiavelo, 1971: 792).

mos dicir, como veremos, a diverxencia de intereses entre as distintas faccións do pobo.

Para designar aos axentes sociais, así como as "sensibilidades" cidadáns Maquiavelo soe empregar o termo *humores*; e estes son, basicamente, tres, ao que habería que engadir un cuarto, non cidadán: os *campesiños*. Os tres primeiros serían *nobreza, pobo e plebe*. Mais o primeiro resultou derrotado politicamente en Florencia (e non só en Florencia), polo que deixa de intervir activamente na vida política; diriamos que se disolve no segundo, non existindo como axente autónomo, senón que os que orixinariamente o integrarían (por razón de nacemento) son alguén politicamente porque participan das características do segundo.

O terceiro, a *plebe*, estaría formado por aqueles individuos que dependen doutros para vivir; que traballan, pois, para outros, ao carecer de propiedades: serían o que hoxe denominariamos os traballadores (asalariados). Estes tamén carecerían de dereitos políticos, dado que ao non posuír propiedades non terían intereses que defender, polo que tampouco terían politicamente nada que dicir.

Quedaríanos, en fin, como axente con plenos dereitos cidadáns o segundo, o *pobo*, que o formaría a clase emerxente da sociedade renacentista, a nacente burguesía comercial, banqueira e industrial; a que constituirá as *artes* (son as asociacións profesionais ou corporacións profesionais, ou *gremios*, en que se divide a burguesía florentina; non inclúe só as actividades produtivas, senón todas aquelas actividades diferenciadas que teñen algunha relevancia económica; así, hai tamén arte da banca, do comercio, ou dos notarios, por exemplo).

A este *pobo* Maquiavelo divídeo en, en principio, tres sectores: grande, mediano e pequeno, en función da capacidade económica; mais o habitual será que o faga en dous grandes bloques, o *popolo grasso* e o *popolo minuto*, ou tamén, os *grandes* e o *pobo*, co que este último termo quedaría para referirse ao que antes era o pobo pequeno, ou, previamente o mediano e o pequeno. Os *grandes* ou o *popolo grasso* estaría formado polas grandes familias[17], o que, para entendernos e por aproximación, viría a equipararse ao que hoxe denominamos a gran burguesía ou oligarquía[18].

Do mesmo modo sóense dividir as antes mencionadas *artes* en *artes maiores* e *artes menores*, división que remite ao diferente poderío económico e, consecuentemente, político, de cada. É doado ver o paralelismo entre *artes maiores* e *grandes*, por unha parte, e entre *artes menores* e *pobo*, pola outra.

Así pois, como dicimos, derrotada a *nobreza*, ignorado o *campesiñado* e desprezada a *plebe* só nos queda o *pobo*; e dado que este é o único axente social efectivo os conflitos sociais habidos na cidade serán conflitos "no seo do *pobo*", entre os seus diferentes estratos (ou tamén, ocasionalmente, "dentro" dos diferentes estratos). Ou sexa, os cidadáns de pleno dereito, os *grandes* e o *pobo*, protagonizarán os conflitos sociais na época do florentino[19].

E estes conflitos nin é realista ignoralos, nin se procura a estabilidade intentando impoñer os dunha parte, senón que as leis deben contemplar a axeitada institucionalización da súa defensa, único modo de evitar que leven a divisións e enfrontamentos no seo do Estado[20]; e único modo de intentar avanzar nunha unidade superior, no camiño do ben común; que non debe, pois, entenderse senón como unha sorte de harmonización ou consenso, a partir das diferenzas e segundo a correlación de forzas (por, digamos, "deliberación" e non por "imposición").

4.8.
Os dirixentes políticos que sexan capaces de orientar a política da cidade en aras dese ben común, do interese

---

[17] (Pocock, 2002: 187).
[18] (Larivaille, 1990: 272-273).
[19] (Lefort, 1986: 707).
[20] (Del Águila, 1990: 112).

xeral, merecerán a consideración de políticos virtuosos; é dicir, que a virtude política consiste en guiarse por ese obxectivo político que, para el, ten que ser o determinante: o interese do Estado, o ben da patria.

Neste sentido, e como unha mostra e esixencia máis de realismo, debe comprenderse que a virtude non é outra cousa que a competencia política e non designa ningún valor dunha moral convencional[21].

Dentro das características da tal virtude estará que debe atender á necesidade e saber aproveitar as ocasións que a fortuna lle depara; e se ben a forza desta non sempre se pode contrarrestar, o certo é que estaremos, en xeral, nas súas mans ou poderemos ser máis donos das nosas decisións na medida en que sexamos capaces de enfrontarlle a nosa virtude[22].

Para acadar a tal virtude requírese do político unha determinada formación: son a experiencia propia e aquela que a historia nos ofrece a mellor escola para a aprendizaxe desa competencia na toma de decisións.

4.9.

Formará parte da tal virtude: o dominio da aparencia, a disposición para a simulación e o disimulo; diriamos hoxe: o control da opinión pública[23]. Pois estes resultan mecanismos indispensábeis para o mantemento do poder e a aprobación social e lexitimación das intervencións políticas. Como medios políticos que son xúlganse en tanto en canto cumpran o cometido correspondente, sirvan para o fin buscado. De seu son indiferentes e só a súa funcionalidade failles acredores de recoñecemento.

Neste sentido, a proposta maquiaveliana non é de demanda de inmoralidade algunha, senón de patencia

---

[21] (Granada, 2002: 555-556).
[22] (Gilbert, 1970: 41-44).
[23] (Santaella López, 1990: 22).

dunha esfera autónoma de feitos, cos seus propios criterios axiolóxicos; e só desde aí cabe a formulación de valoracións. A moralidade ou inmoralidade é, así, indiferente politicamente, toda vez que só o fin político permite o axuizamento dos medios e só aí, nese ámbito, estamos a "xogar", ao xadrez, con Maquiavelo.

4.10.

Pois ben, se atendemos ao dito anteriormente, todo iso significa, tamén, a eliminación da moral e da relixión como guías das intervencións políticas[24]; e o recoñecemento de que estas últimas seguen as súas propias regras, de modo que só convertidas en datos políticos aparecen aquelas outras; ou sexa, que a esfera política só admite a moral e a relixión en tanto resultan funcionais para si mesma, desprezándolles toda consideración de valor intrínseco. A súa bondade, no caso, merecerana en canto favorezan obxectivos políticos (de tipo ideolóxico, fundamentalmente, de mantemento da orde, ou identitario, pero non exclusivamente).

4.10.1.

O anteriormente exposto non significa que en Maquiavelo non haxa xuízos morais, en base a unha moral convencional, dos mesmos feitos políticos, tamén axuizados politicamente; estes fanse, e fanse reiteradamente na súa obra: as accións virtuosas politicamente dun Aníbal ou dun Valentino non escapan a unha valoración moral das mesmas, aínda que se recoñeza a súa necesidade política e, polo mesmo, a súa virtude política[25]; e tanto dá que acadasen a gloria ou non, non escaparán a unha axioloxía moral, aínda que politicamente tivesen gañado o ceo, ou o inferno. Entendemos, por tanto, que non hai clausura

---

[24] (Gramsci, 1988: 296).
[25] (González, 1992: 110-111).

da moral nin sequera no ámbito político; non porque o político teña que aterse á mesma, senón porque o político pode ser xulgado moralmente, á par que politicamente[26].

Polo que coidamos que está ben clara a presenza maquiaveliana dun ámbito estritamente moral, unha moral do seu tempo, convencional, só que afastada de toda intervención política, de seu; mais iso non obsta, dicimos, para que os mesmos feitos xulgados politicamente tamén poidan someterse a unha valoración moral. En definitiva, para o florentino estamos diante de campos autónomos, nos que un non pecha ao outro, pero tampouco se inmisce nel[27].

4.10.2.

E, polo que fai á relixión, esta actúa como unha autoridade suprema, máis alá da dos homes; e fronte da que nada pode facerse e da que non se pode escapar, polo que asegura a orde e a disciplina na vida comunitaria cunha efectividade superior á de calquera institución mundana.

A relixión pode ser tamén unha magnífica escusa ou xustificación das decisións políticas; e se se conseguiu previamente dotar ao pobo deses ánimos, desas crenzas, máis doadamente conseguirá a súa aprobación para tales empresas e a decidida participación nas mesmas, así como o recoñecemento do que se consiga[28].

E, naturalmente, o de menos é o efectivo carácter relixioso desas intervencións políticas; o importante é revestilas del para dotar aos actos do gobernante da reputación e o asentimento que buscan. E isto vale para todas as relixións, tanto para as pagás como para a "verdadeira": a cristiá; a diferenza estará en que á relixión romana, por exemplo, a ve Maquiavelo como unha relixión máis basculada no mundano, na actividade, na intervención pública, na glo-

---

[26] (Granada, 2002: 555).
[27] (Gilbert, 1970: 168).
[28] (Namer, 1980: 45).

ria terrea; mentres que a relixión actual está orientada á transcendencia, e alí acha o seu obxectivo vital; e a actitude contemplativa, a oración e a humildade valóranse como actitudes positivas, fronte da fortaleza e os honores cívicos. Por iso, a relixión romana ofrecía unhas posibilidades de utilización, de instrumentalización social, superiores á nosa relixión cristiá.

Nada, pois, que ver coas verdades intrínsecas á fe relixiosa e si co uso pragmático da relixión, co pragmatismo político. A relixión si ten un papel que cumprir, ou un papel posíbel que cumprir, pero quen lle concede ese papel é a política: por si non ten ningún papel político; é dicir, que instrumentalizada politicamente si pode servir para algo; e a Maquiavelo si lle parece que serve para bastante: integración, orde, bos costumes; e, mesmo, tamén serven, os augurios e adiviñanzas, como no caso dos romanos, que animan e dan confianza aos exércitos; pero sen sentirnos presa deses augurios, senón que, se son absurdos, debemos sortealos, con astucia, iso si[29].

5.
5.1.

Nas primeiras páxinas deste traballo viñemos dicir que a lectura do florentino como técnico ou científico, sen parecernos rexeitábel en primeira instancia, tamén nos levaba a unha comprensión maquiavélica do noso autor, pois se así era, de feito, cientificamente, a política, ningunha opción realista nos quedaba para opoñernos criticamente á mesma.

Naturalmente, iso tamén vén supoñer que, de querer intentar algún posicionamento que puxese en cuestión o modo de entender -e facer- a política que nos propón Maquiavelo, teriamos que saír da política como tal; é dicir, teriamos que saír da ciencia e procurar os fundamentos da

---

[29] (Maquiavelo, 1971: 97-98).

mesma, por se por aí cabe proceder a algún ataque a ese pensar.

5.2.
Pois ben, nós coincidimos coa valoración que fai o intérprete citado do pensamento político maquiaveliano como científico. E, segundo o que vimos dicindo, a crítica a tal pensamento deberá basearse nunha comprensión dos fundamentos do mesmo; o que quere dicir intentar transcendelo filosoficamente.

Comezaremos por procurar xustificar a cientificidade da teoría política de Maquiavelo e por que esta non a vemos que deba cualificarse de filosófica.

E isto polo seguinte: vemos o labor de Maquiavelo como un labor que procura establecer as regularidades do acontecer fenoménico -no ámbito estrito dos fenómenos políticos-[30]; e iso lévanos a considerar a súa como unha investigación óntica, é dicir, científica, e non ontolóxica, ou sexa, filosófica, por non preocuparse pola definición previa dos conceptos a empregar, ou sexa, por non preocuparse por dilucidar o que ten que entender por eles; parte, entendemos, diso como dado, sen problematización previa; ou, dito doutro modo, trata do que aparece, e non do aparecer mesmo.

Isto é, como en toda ciencia, na ciencia política maquiaveliana as ideas que aparecen o son sempre referidas aos feitos políticos, carecendo da clarificación conceptual que lle permitiría unha dialéctica ascendente, por utilizar o símil con Platón; é dicir, ignorando o sentido preciso dos conceptos a manexar e dos supostos implícitos. No noso autor dá a impresión de que parte en todo momento de que o lector sabe perfectamente de que está a falar, comprende os seus termos e os identifica sen dúbida.

---

[30] (Horkheimer, 1982: 20-21).

As preguntas que se fai Maquiavelo no son, pois, do tipo "¿qué?" ou "¿para que?", senón do tipo "¿cómo?"; isto é, non procura fundamentar, senón describir e explicar; non procura sentidos, senón regularidades; non procura filosofía, senón ciencia. E isto é claramente así, ademais, porque o florentino para nada entra a discutir sobre valores e fins. Máis ben, precisamente, entende que os fins políticos están dados: consisten na obtención e conservación do poder e no mantemento da orde política, da súa estabilidade e do ben xeral.

5.3.
É dicir, que Maquiavelo, entendemos, non fai ningunha reflexión que en si mesma mereza o nome de filosofía, pero as súas reflexións, pensamos que de ciencia política, levan suposta unha determinada concepción de que sexa a política[31]; e, así, ao facer referencia a certos feitos como feitos políticos, está xa a partir dunha idea do que hai que entender por feito político. E disto, dos fundamentos, é do que veremos de ocuparnos no que vén a continuación.

6.
6.1.
Segundo lemos a Maquiavelo, atopamos tres supostos actuantes como fundamentos das súas ideas: a inmanencia, a autonomía da política e a uniformización dos feitos ou datos políticos.

6.2.
A esfera dos feitos políticos, a realidade política, supón a eliminación de toda transcendencia (até o punto de considerar a relixión como mero dato político, concibida como función política, como xa vimos). O noso autor manifesta a clarividencia da superación de toda lexitimidade iusnatura-

---

[31] (Leyte, 1995b: 323).

lista ou transcendente, que debe ser substituída por unha acción política que só se xustifique a si mesma, é dicir, de raíces inmanentes[32]. A reclamación de ter en conta exclusivamente a "verdade efectiva" e as motivacións reais dos suxeitos políticos é nuclear no pensar de Maquiavelo. O realismo político, pois, presupón que o "reino político" é exclusivamente "deste mundo".

6.3.

A súa reclamación dun realismo político supoñía, por tanto, deslindar claramente os tales feitos doutros ámbitos posíbeis -como a moral ou a relixión-, e constatar a autonomía política[33] así como o criterio de valoración da bondade ou maldade dos medios empregados, que non é outro que a razón de Estado, o interese xeral.

A mesma autonomía da política require tamén o presuposto antes aludido da inmanencia, por canto despreza todo criterio externo ao ámbito político, toda intervención e inxerencia axiolóxica que transcenda a súa específica realidade mundana.

6.4.
6.4.1.

A autonomía da política, a constatación dun ámbito específico de feitos que responden ao criterio aludido da razón de Estado, precisaba da necesaria indistinción e uniformización destes, da falla de criterio intrínseco de valoración[34]. O que quere dicir que os feitos políticos son indiferentes os uns aos outros e só a súa funcionalidade política permite valoralos. Ningún dato político poderá ser obxecto dun axuizamento de seu, senón que, como integrantes dun ámbito autónomo, necesariamente entre todos eles deberá

---

[32] (Granada, 2002: 546).
[33] (Croce, 1931: 251).
[34] (Cassirer, 1997: 185).

darse unha indistinción e grazas só ao cálculo político permítesenos a escolla entre eles. A súa homoxeneidade, en fin, é unha condición para o seu tratamento racional, para a súa calculabilidade, para o cálculo político.

De feito, toda referencia a unha esfera autónoma presupón que as diferenzas entre os compoñentes resulten puramente accidentais, dado que se estas fosen substancias, entón estariamos obrigados a recoñecer tantas, esferas de feitos, como características cualitativas atopemos.

6.4.2.
Finalmente, o suxeito, a materia da vida política, en suma, outro conglomerado de datos, feitos ou fenómenos políticos máis, presentarán, así mesmo, as mesmas características antes aludidas.

Ao respecto, Maquiavelo nos ten remitido a unha consideración pesimista do home, un home dominado polo interese; e esa valoración psicolóxica lévanos a nun modelo de home determinado[35], un modelo de home no que prime o interese, como definición do mesmo. E iso porque diante doutro home, doutro modelo de home, a súa valoración psicolóxica non se podería sustentar; ou sexa, tratábase de identificar a que clase de home está a referirse que se lle poidan aplicar esas apreciacións que el realiza.

A nosa conclusión é que ese modelo de home, como non podía ser doutro modo, era o do sector social que estaba a converterse en dominante na súa época; a clase social -o modelo de home- que estaba a desenvolverse e a construír unha posición dominante na sociedade e máis nidiamente nunha comunidade como a florentina, cun poderoso sector manufactureiro, comercial e banqueiro[36].

Ese modelo de home presenta o seu interese de clase como o interese común, preséntase como o home; e ao

---

[35] (Chabod, 1984: 69).
[36] (Heller, 1980: 9).

colocar o interese como guía da conduta política estanos a posibilitar a racionalización e o cálculo nesa caste de decisións[37], toda vez que xa temos identificada a categoría que pecha a esfera política; toda vez que temos recoñecida a homoxeneidade entre os datos a manexar.

E ese modelo de home respondía a ese prototipo social que estaba a nacer, o prototipo dese capitalismo xerminal, que entende que o que é bo para el é o que é bo para todos, pois todos somos iguais.

E este modelo de home ten que ser ese porque, por exemplo, sería contraditorio coas súas propostas que o home fose doutro xeito; é dicir, por exemplo, un home pío, crente relixioso, non podería ser o material dunha política na que as consideracións morais e relixiosas brillan pola súa ausencia, a non ser que faga render politicamente a súa utilización; nin tampouco podería estar prendido da inmanencia, do interese, e, efectivamente, ter superada toda transcendencia -retóricas aparte-.

Tratábase, en fin, de achar que clase de home podería desprenderse de toda valoración moral e relixiosa dos seus actos; e aceptar como criterio dos mesmos a razón de Estado, ou sexa, o interese, por máis que o interese sexa o interese común, ou así se entenda (e tal e como temos entendido iso). Buscábase un home que puidese identificarse, esencialmente, co Estado (ou o Estado con ese modelo de home), de modo que a racionalidade do Estado se identificase coa súa propia racionalidade; e iso fose definitorio del[38].

Pero hai máis, a mesma conciencia "popular" presupón, como xa dicimos que quere, e entende, ese modelo de home, unha identidade substancial, unha comunidade de intereses, unha homoxeneidade entre os suxeitos políticos particulares que, no fondo, constitúen un suxeito político

---

[37] (Gilbert, 1970: 136); (Burke, 1993, 192).
[38] (Martínez Marzoa, 1983: 145).

colectivo: a clase burguesa, o verdadeiro suxeito desa orde nacente.

Estamos, en fin, diante dun axente político indiferenciado, diante do pobo, da burguesía.

7.
7.1.
Como conclusión do anteriormente exposto poderiamos dicir que Maquiavelo está a expresar en termos políticos a conciencia da verdade, ou nova noción da verdade, que está a xurdir na época moderna[39]. E esta expresión da verdade é a científica[40]; e, deste modo, Maquiavelo, como home do seu tempo, non está a facer outra cousa, cando busca mostrar a verdade política, que a de entender a política como ciencia, como xa adiantamos e defendimos. Pero como nova noción da verdade, como comprensión da realidade, esta manifestase ao longo de todo o mundo moderno, mais os seus comezos poden situarse no Renacemento; e, antes que noutro sitio, nos lugares máis desenvolvidos do mesmo[41].

7.2.
O que coñecemos máis habitualmente como ciencia moderna, a ciencia natural, ou por algúns denominada físico-matemática, é a expresión máis acabada desta nova verdade. E entendemos que tampouco debe ser casualidade que, nos seus inicios, a presenza desta nova ciencia, desta nova verdade, se pensamos en esgrevios representantes da mesma pertencentes a esferas distintas á da política, garde moita proximidade co ámbito xeográfico e cultural no que damos con Maquiavelo; así o podemos ver, con só citar uns poucos nomes significativos: matemáticos como

---
[39] (Procacci, 1995: 418-419); (De Sanctis, 1938: 66).
[40] (Koyré, 1983: 181).
[41] (Delumeau, 1977: 520).

Tartaglia; físicos como Benedetti; anatomistas como Leonardo da Vinci ou Vesalio; o mesmo Copérnico, que pasou longas tempadas en Italia; ou o máis grande de todos, Galileo, toscano tamén.

O carácter matemático da nova física e, en fin, da nova verdade, non contradí o dito até agora sobre o noso autor e a súa ciencia política; máis ben, entendemos que confirma unha comunidade de comprensión da verdade, unha comunidade ontolóxica. Pois a reclamación de matematización da nova ciencia presupón a indiferenciación e homoxeneidade dos seus obxectos, condición para o seu tratamento calculístico. A continuidade fenoménica presupón a supresión de toda transcendencia, o que esixe tamén a autonomía científica; como, por exemplo, está a facer Galileo ao demandar unha lectura metafórica dos textos sagrados[42]: a nova ciencia o é deste mundo e os seus obxectos están descualificados, por iso se pode operar con eles matematicamente.

7.3.

E todo isto, naturalmente, irá da man dun proceder económico que esixe, para o seu desenvolvemento, a antedita condición de posibilidade e que, a medida que se consuma, procederá a operar cos seus obxectos baixo unha mesma consideración indiferenciada. Os seus obxectos serán as mercadorías[43]; e na economía que está a nacer o criterio de valor destas acaba sendo un criterio cuantitativo, é dicir, mídese por cantidades, cantidade de tempo de traballo; de modo que as mercadorías, o que produce esa economía, son iguais entre si, só diferenciándonse cuantitativamente; cada unha ten máis diso que as identifica; e iso será, como diciamos, tempo de traballo (son tempo de traballo abstracto, solidificado, tempo de traballo social-

---

[42] (Galileo, 1994).
[43] (Martínez Marzoa, 1983: 33).

mente necesario), algo cuantificábel, medíbel[44]. Achamos, pois, na economía, a mesma comunidade ontolóxica. O seu ámbito é o dun tipo especial de feitos, os feitos económicos, as mercadorías; e a diferenza entre estes subtráese a toda substancialización, ao ser puramente cuantitativa.

Dito doutro xeito, a lei do valor só poderá darse baixo o marco epocal que se está a abrir, baixo unha mesma comprensión de que é a verdade; e da que dous toscanos son eminentes portavoces: Galileo e Maquiavelo.

7.4.

Os supostos estudados até agora preséntanse como os dunha sociedade na que os compoñentes da mesma, os seus fenómenos ou feitos, aparecen cousificados, convertidos en obxectos, sometidos a unha uniformización, condición do seu tratamento calculístico. Esta racionalización -que case queremos dicir unidimensional, apropiándonos da expresión marcusiana- rexe para todas as esferas da tal sociedade; expresa a verdade da mesma tomada desde a perspectiva pola que optemos, sexa a física, a económica ou a política.

Entendemos que podemos dicir que esa verdade, a verdade da racionalización, do cálculo, do continuo indefinido, da igualdade, da desubstancialización, da inmanencia, é expresión e condición da emerxencia dunha nova hexemonía (tarde o que tarde en facerse efectiva). E tamén, neste sentido, o pensamento maquiaveliano, ancorado na nova verdade, sería a expresión política desa hexemonía, de como realizala politicamente: expresión política dese novo mundo que está a nacer.

A ciencia vén sendo a conciencia de si da época moderna; e esta ciencia política maquiaveliana, tal e como a estamos a entender, non vén sendo máis que unha participación nesta mesma autocomprensión de si da tal época.

---

[44] (Marx, 1975: 48).

En consecuencia, pois, a política de Maquiavelo debería verse como a expresión do que debe ser a política, do que é a política, isto é, da manifestación do burgués neste ámbito específico de fenómenos, os fenómenos políticos.

8.
8.1.
O que, pensamos, se deriva de todo o anterior é, para dicilo sinteticamente, que os límites da política maquiaveliana son os límites da política burguesa[45]; e eses límites veñen dados polas propias condicións que permiten pensala. Entón, a política maquiaveliana só se pode entender, aplicar, dentro dunha sociedade que presupoña as mesmas condicións ontolóxicas que as que presupón Maquiavelo nas súas elaboracións políticas, sexa ou non consciente desas condicións.

Se a nosa crítica non afecta aos fundamentos ontolóxicos das súas reflexións é que son expresión -unha expresión máis, non crítica real- dun mesmo modo de ser e de comprenderse. Noutras palabras, estaremos dentro de variantes da política burguesa sempre que non entremos a discutir e a superar, ou a situarnos fóra, dese contexto ontolóxico do que unha das súas manifestacións é a teoría política maquiaveliana.

8.2.
Por tanto, realismo político, razón de Estado, uniformidade e autonomía da política non son pensábeis senón desde uns presupostos ontolóxicos que son os do dominio de clase burgués, os presupostos ontolóxicos da sociedade moderna; e aquí, por tanto, repetimos, está o límite da política maquiaveliana.

E aquí estaría tamén o maquiavelismo citado ao comezo, pois ao entender a obra maquiaveliana nunha perspectiva

---

[45] (Horkheimer, 1982: 26).

estritamente científica estamos imposibilitando a súa crítica e estamos a afirmar que só cabe un modo de facer política: o modo burgués; é dicir, que a política burguesa é a única posíbel. Isto é, sempre que nos movamos nos ámbitos que estes conceptos abren estaremos sempre no cadro dunha política de defensa do modo de ser moderno das cousas, que é un modo de dominio determinado; e iso con independencia da retórica, por moi ben intencionada que sexa, que despreguemos.

8.3.

Non cabe, para nós, desde -dentro de- Maquiavelo, pensar unha política alternativa á da hexemonía de clase burguesa; non cabe, por exemplo, pensar nun manexo das súas *tecnoloxías do poder* pensando en obxectivos contraditorios cos que son coherentes con aquela, pois aquelas reciben o seu sentido nun ámbito determinado[46]; e entendemos que a visión das prácticas políticas do florentino como dun "receitario" (usábel a discreción) formarían parte da lenda do "maquiavelismo", que, para nós, non só é inxusta co secretario florentino, senón que o é sobre todo, e é o que máis nos interesa, inxusta coa esencia do seu pensar e resulta, entendemos, burdamente simplificadora do mesmo e ignorante (ou desprezador) non só dos seus trazos fundamentais, senón, sobre todo, das condicións de posibilidade destes.

Entendemos, pois, que Maquiavelo, a súa política, era revolucionaria mentres a burguesía era revolucionaria; e perdeu tal carácter cando aquela tamén o perdeu. O que non quita que o florentino nos poida parecer máis "progresista" que moitos políticos "ao uso", dos que poderiamos dicir que son moi *maquiavélicos* pero pouco, ou case nada, *maquiavelianos*; ou que manifestan dependencia de intere-

---

[46] (Mounin, 1966: 199-200).

ses "de parte" e son incapaces, por ineptitude ou irresponsabilidade, de asumir coherentemente a *razón de Estado* na súa praxe política.

En suma, que non cabe, entendemos, pensar nun Maquiavelo teórico da emancipación de oprimidos e explotados, que nos ofreza ferramentas para transcender o actual dominio de clase; outra cousa é que nos ofreza ensinanzas para mellor comprendelo.

9.
9.1.
Así, ao longo do noso traballo identificamos o pensamento político maquiaveliano como a expresión coherente e acabada, teórica, do que debería ser a política burguesa; no sentido de que a competencia dos líderes e representantes políticos desta *clase* sería tal de obrar consecuentemente coas reflexións do florentino[47]; isto é, a política exercida polos políticos debería axeitarse ao proposto por Maquiavelo; as súas decisións poderiamos entendelas e analizalas (ou tamén criticalas) manexando os conceptos aprendidos co secretario da república toscana. Non deberiamos, se atendemos ás súas propostas, deixarnos levar por ningún "canto de serea", senón asumir que toda intervención política dos líderes burgueses faise funcionalmente aos intereses da clase da que son representantes políticos: asumir ese realismo contrapoñeríase coa inxenuidade do que se deixa convencer por retóricas baleiras, pero moi ben argalladas diante dunha opinión pública que ben se confunde, interesadamente, coa "opinión publicada". E, hai que ser realista, "publica" quen pode e non quen quere, e pode quen pode, quen dispón dos medios para ter, efectivamente, "liberdade de expresión".

---

[47] (Marx & Engels, 1998: 42).

9.2.

Con isto, evidentemente, non pretendemos expoñer nin defender determinismo político algún; estamos simplemente intentado caracterizar a praxe (e a teoría) virtuosa políticamente segundo Maquiavelo, coas súas condicións; digamos que é algo así como un proxecto ou programa. Na realidade isto poderá realizarse de moi diferentes modos. O político non está só no mundo, nin a xente é tan inocente nin tan parva como este podería esperar ou desexar; é dicir, que inxenua ou non tan inxenuamente, non sempre os designios dos políticos acadan aceptación popular, senón que os cidadáns sempre poden opoñerse e mobilizarse e impoñer políticas alternativas ás que o político, por moi virtuoso que poida parecer ou ser, querería implantar. Mesmo pódese conseguir remover aos tales políticos e poñer no seu lugar a outros non tan maquiavélicos ou non tan maquiavelianos. Ao mellor a doxa comunitaria, eses principios retoricamente manexados polo político "ao uso", á que nos temos referido, transcende os estreitos límites aos que o home de Estado querería limitala e adquiren a categoría de conceptos; ao mellor o que o home de Estado entende por ben da patria non acaba por coincidir co que unha boa parte dos cidadáns entenden por tal; ao mellor os intereses que defender lle semellan ao pobo, ou a quen sexa, indefendíbeis desde criterios que coida máis presentábeis. Podería acontecer, pois, que a participación de axentes sociais con conviccións, ou intereses, alternativos, acadasen a suficiente forza, ben por medio da presión social, ou pola revolta, mesmo institucional, para que as pretensións dos políticos virtuosos, maquiavelianamente falando, se vesen malogradas, ou que tivesen que proceder a pactos, transaccións, ou concesións máis ou menos pequenas ou grandes; obviamente, neste caso, isto realizaríano en función dos intereses da *clase* en nome da cal exercen, de feito, a súa actividade política: tendo como norte o ben do Estado; o que debería estar claro para os seus "inimigos *de clase*", que en modo algún deberían deixarse enganar por retóricas de "intereses supremos da patria", ou "bens comúns", pois xa Maquiavelo nos ensinou que se está a dicer cando se di iso. Mais tamén sería posíbel que se vesen superados por aqueles e polos que aqueles "representan" dalgún modo; mais de darse isto efectivamente, entón deberiamos estar a saír do proxecto do florentino, do proxecto político burgués.

9.3.

En fin, se consideramos que estamos a vivir, esencialmente, dentro do tal marco moderno, por suposto que coas súas obvias modificacións de todo tipo respecto do concreto momento histórico maquiaveliano, pero que estas diferenzas non superan o accidental, senón que compartimos os principios fundamentadores; pois ben, nese caso, dicimos, estariamos na plena actualidade de Maquiavelo; é dicir, a política actual podería ser analizada utilizando os conceptos do florentino, dos que falamos neste traballo; e, ao mesmo tempo, a crítica á mesma tamén podería axudarse de algo do dito aquí.

Por tanto, isto supón que toda tentativa de presentarse, calquera proxecto político, como respondendo a outros intereses *de clase*, que non serían os que aquí identificamos como os de Maquiavelo, deberían subtraerse, poñamos por caso, ao emprego das que se soen denominar *tecnoloxías do poder*, como xa indicamos anteriormente, derivadas duns principios que non poden ignorar, e que, polo mesmo, de feito, non ignoran, con independencia da retórica que se manexe. Isto é, poderiamos ver se efectivamente, no fondo, no fondo dos principios, estaríase confluíndo co mesmo proxecto *de clase* do florentino, ou efectivamente estariamos a ir na dirección dunha superación da actual orde hexemónica burguesa.

Tamén, por suposto, as ensinanzas que podemos sacar da política maquiaveliana deberían impedirnos confundir ser ou non maquiaveliano con ser parvo; e esas ensinanzas poderían axudar ao deseño de propostas de accións plenamente conscientes das liñas e da retórica demagóxica do inimigo: porque tamén a ignorancia e a inxenuidade son culpábeis.

BIBLIOGRAFÍA

1.
Machiavelli, N. (1971). *Tutte le opere* (a cura di Mario Martelli), Firenze: Sansoni editore.
Machiavelli, N. (1971). *Legazioni. Commissarie. Scritti di governo* -volume primo- (edición de Fredi Chiapelli). Bari: ed. Laterza,
Maquiavelo, N. (1979). *Historia de Florencia* (edición de Félix Fernández Murga), Madrid: ed. Alfaguara.
Maquiavelo, N. (1987). *Discursos sobre la primera década de Tito Livio* (edición de Ana Martínez Arancón), Madrid: Alianza Ed.
Maquiavelo, N. (1987). *Textos cardinales* (edición de Miguel Ángel Granada), Barcelona: ediciones Península.
Maquiavelo, N. (1988). *Del arte de la guerra* (edición de Manuel Carrera Díaz), Madrid: ed. Tecnos.
Maquiavelo, N. (1990). *Epistolario 1912-1927* (edición de Stella Mastrangelo), México: ed. Fondo de Cultura Económica.
Maquiavelo, N. (1991). *Escritos políticos breves* (edición de María Teresa Navarro Salazar), Madrid: ed. Tecnos.
Maquiavelo, N. (2002). *O Príncipe* (tradución de Isabel González), A Coruña: Universidade de Santiago de Compostela.

2.
Abensour, M. (1997). *La démocratie contre l'État (Marx et le moment machiavélien)*, Paris: Presses Universitaires de France.
Alighieri, Dante (1992). *Monarquía*, Madrid: ed. Tecnos.
Althusser, L. (2004). *Maquiavelo y nosotros*, Madrid: ed. Akal.
Álvarez Yáguez, J. (2000). *Individuo, Liberdade e Comunidade*, A Coruña: ed. Ludus.
Anderson, P. (1999). *El Estado absolutista*, Madrid: ed. Siglo XXI.
Aristóteles. *Política* (1986) (edición de Carlos García Gual e Aurelio Pérez Jiménez), Madrid: Alianza Ed.
Arrighi, G. (1999). *El largo siglo XX*, Madrid: ed. Akal.

Barber, W.J. (1990). *Historia del pensamiento económico*, Madrid: Alianza Editorial.
Barincou, E. (1995). *Maquiavelo*, Barcelona: ed. Salvat.
Baron, H. (1993). *En busca del humanismo cívico florentino. Ensayos sobre el cambio del pensamiento medieval al moderno*, México: ed. Fondo de Cultura Económica.
Berlin, I. (1992). 'La originalidad de Maquiavelo', en Berlin, I (1992). *Contra la corriente*. Madrid: ed. Fondo de Cultura Económica, pp. 85-143.
Bernard, J. (1991). 'Comercio y finanzas en la Edad Media, 900--1500', en Cipolla, C.M. (ed.) (1991). *Historia económica de Europa (1) La Edad Media*, Barcelona: ed. Ariel, pp. 295-361.
Bocaccio, G. (1994). *Decamerón*, Madrid: ed. Cátedra.
Brion, M. (2003). *Maquiavelo*, Barcelona: ediciones B.
Burckhardt, J.(1974). *La cultura del Renacimiento en Italia*, Madrid: ed. Escelicer.
Burke, P. (1993). *El Renacimiento italiano. Cultura y sociedad en Italia*, Madrid: Alianza Ed.
Burke, P. (1999a). *El Renacimiento*, Barcelona: ed. Crítica.
Burke, P. (1999b). 'El cortesano', en Garin, E. y otros (1999). *El hombre del Renacimiento*, Madrid: Alianza Ed.,1999, pp. 133-162.
Butterfield, H. (1965). *Maquiavelo y el arte de gobernar*, Buenos Aires: ed. Huemul.
Cassirer, E. (1997). *El mito del Estado*, México: ed. Fondo de Cultura Económica.
Castiglione, B. (2003). *El cortesano* (edición de Mario Pozzi. Traducción de Juan Boscán), Madrid: ed. Cátedra.
Chabod, F. (1984). *Escritos sobre Maquiavelo*, México: ed. Fondo de Cultura Económica.
Chabod, F. (1990). *Escritos sobre el Renacimiento*, México: ed. Fondo de Cultura Económica.
Croce, B. (1931). 'Machiavelli e Vico: La politica e l´etica', en Croce, B. (1931). *Etica e politica*, Bari: ed. Laterza.
Croce, B. (1974). *Elementi di politica*, Bari: ed. Laterza.
De Aquino, T. (1989). *La monarquía*, Madrid: ed. Tecnos.
De Rotterdam, E. (1996). *Educación del príncipe cristiano*, Madrid: ed. Tecnos.
De Sanctis, F. (1938). 'Machiavelli', en Machiavelli, N. (1938). *Il Principe*, Milano: editoriale Lucchi.
De Sanctis, F. (1988). 'El hombre de Guicciardini', en Guicciardini, F. (1988). *Recuerdos*, Bilbao: Centro de Estudios Constitucionales.

Del Águila Tejerina, R. (1990). 'Maquiavelo y la teoría política renacentista', en Vallespín, F. (ed.) (1990), *Historia de la teoría política*, vol. 2, Madrid: Alianza Ed., pp. 69-170.
Del Águila Tejerina, R. (1999). 'Modelos y estrategias del poder en Maquiavelo', en R. Aramayo, R. & Villacañas, J.L. (comps.) (1999). *La herencia de Maquiavelo*, Madrid: ed. Fondo de Cultura Económica, pp. 209-240.
Delumeau, J. (1977). *La civilización del Renacimiento*, Barcelona: ed. Juventud.
Dumont, L. (1982). *Homo aequalis*, Madrid: ed. Taurus.
Echeverría, J. (1995). *Filosofía de la Ciencia*, Madrid: ed. Akal.
Ehnmark, A. (1988). *Les secrets du pouvoir. Essai sur Machiavel*, Avignon: Actes Sud.
Elster, J. (1991). *Una introducción a Karl Marx*, Madrid: ed. Siglo XXI.
Federico II de Prusia (1995). *Antimaquiavelo o refutación del Príncipe de Maquiavelo*, Bilbao: Centro de Estudios Constitucionales.
Fernández Buey, F. (1998). *Marx (sin ismos)*, Barcelona: ed. El Viejo Topo.
Firpo, M. (1999). 'El cardenal', en Garin, E. y otros (1999). *El hombre del Renacimiento*, Madrid: Alianza Ed., pp. 81-132.
Galileo (1994). *Carta a Cristina de Lorena*, Barcelona: ed. Altaya.
G. Soto, L. (2003a). *Paz, guerra e violencia*, A Coruña: ed. Espiral maior.
G. Soto, L. (2003b). *Aristóteles*, A Coruña: ed. Bahía.
Garin, E. (1981). *La revolución cultural del Renacimiento*, Barcelona: ed. Crítica.
Garin, E. (1982). *Ciencia y vida civil en el Renacimiento italiano*, Madrid: ed. Taurus.
Garin, E. (1999a). 'Introducción', a Garin, E. y otros (1999). *El hombre del Renacimiento*, Madrid: Alianza Ed., pp. 9-22.
Garin, E. (1999b). 'El filósofo y el mago', en Garin, E. y otros (1999). *El hombre del Renacimiento*, Madrid: Alianza Ed., pp. 163-196.
Gianotti, D. (1997). *La República de Florencia*, Madrid: Boletín Oficial del Estado, Centro de Estudios Políticos y Constitucionales.
Gilbert, F. (1970). *Machiavelli e Guicciardini. Pensiero politico e storiografia a Firenze nel Cinquecento*, Torino: ed. Einaudi.
Glamann, K. (1991). 'El comercio europeo (1500-1750)', en Cipolla, C.M. (ed) (1991). *Historia económica de Europa (2) Siglos XVI y XVII*, Barcelona: ed. Ariel, pp. 333-409.
Gombrich, Ernst H. (1981). *Historia del Arte*, Madrid: Alianza Ed.

González García, M. (1992). 'Maquiavelo o la pasión por la política', en González García, M. (ed.) (1992). *Filosofía y cultura*, Madrid: ed. Siglo XXI, pp. 99-118.
Gramsci, A. (1992). *La política y el Estado moderno*, Barcelona: ed. Planeta-Agostini.
Granada, M.Á. (1981). *Maquiavelo*, Barcelona: ed. Barcanova.
Granada, M.Á. (1999). 'Maquiavelo y César Borgia', en R. Aramayo, R. & Villacañas, J.L. (comps) (1999). *La herencia de Maquiavelo*, Madrid: ed. Fondo de Cultura Económica, pp. 133-154.
Granada, M.Á. (2002). 'La filosofía política en el Renacimiento: Maquiavelo y las utopías', en Camps, V. (ed) (2002). *Historia de la ética*, Barcelona ed. Crítica, pp. 541-574.
Guicciardini, F. (1988). *Recuerdos*, Bilbao: Centro de Estudios Constitucionales.
Guicciardini, F. (1990). *Historia de Florencia (1378-1509)*, México: ed. Fondo de Cultura Económica.
Guicciardini, F. (2000). *Considerazioni intorno ai Discorsi del Machiavelli*, Torino: Einaudi editori.
Habermas, J. (1995). *Teoría y praxis*, Barcelona: ediciones Altaya.
Hauser, A. (1985). *Historia social de la literatura y del arte*, Barcelona: ed. Labor.
Heidegger, M. (1994). 'La pregunta por la técnica', en Heidegger, M. (1994). *Conferencias y artículos*, Barcelona: ediciones del Serbal, pp. 9-37.
Heidegger, M. (1995). "La época de la imagen del mundo", en Heidegger, M. (1995). *Caminos de bosque*, Madrid: Alianza Ed., pp. 75-109.
Heller, A. (1980). *El hombre del Renacimiento*, Barcelona: ediciones Península.
Horkheimer, M. (1982). 'Los comienzos de la filosofía burguesa de la historia', en Horkheimer, M. (1982). *Historia, metafísica y escepticismo*, Madrid: Alianza Ed., pp. 13-118.
Hull, L.W.H (1984). *Historia y filosofía de la ciencia*, Barcelona: ed. Ariel.
Korsch, K. (1978). *Marxismo y filosofía*, Barcelona: ed. Ariel.
Koyré, A. (1983). *Estudios de historia del pensamiento científico*, Madrid: ed. Siglo XXI.
Larivaille, P. (1990). *La vida cotidiana en la Italia de Maquiavelo*, Madrid: ediciones Temas de Hoy.
Law, J. (1999). 'El príncipe renacentista', en Garin, E. y otros (1999). *El hombre del Renacimiento*, Madrid: Alianza Ed., pp. 23-50.

Lefort, C. (1986). *Le travail de l'oeuvre machiavel*, Saint-Amand: ed. Gallimard.
Le Goff, J. (1991). 'La ciudad como agente de civilización; c. 1200-c. 1500', en Cipolla, C.M. (ed) (1991). *Historia económica de Europa (2) Siglos XVI y XVII*, Barcelona: ed. Ariel, pp. 78-114.
Leyte Coello, A. (1995a). 'O camiño á hermenéutica como filosofía', en Leyte Coello, A. (1995). *Ensaios sobre Heidegger*, Vigo: ed. Galaxia, pp. 15-46.
Leyte Coello, A. (1995b): 'A política da historia da filosofía de Heidegger', en Leyte Coello, A. (1995). *Ensaios sobre Heidegger*, Vigo: ed. Galaxia, pp. 315-343.
Máiz, R. (1988). 'Maquiavelo y la libertad de los modernos', en *Actas del Simposio. Filosofía y ciencia en el Renacimiento*, A Coruña: Universidad de Santiago de Compostela.
Máiz, R. (1992). 'Karl Marx: De la superación del Estado a la dictadura del proletariado', en Vallespín, F. (ed) (1992). *Historia de la teoría política*, vol. 4, Madrid: Alianza Ed., pp. 103-169.
Mallet, M. (1999). 'El 'condottiero'', en Garin, E. y otros (1999). *El hombre del Renacimiento*, Madrid: Alianza Ed., pp. 51-77.
Mansfield Jr, Harvey C. (1983). *Maquiavelo y los principios de la política moderna*, México: ed. Fondo de Cultura Económica.
Manzoni, A. (1985). *Los novios*, Madrid: ed. Cátedra.
Marcuse, H. (1979). *Razón y revolución*, Madrid: Alianza Editorial.
Marcuse, H. (1981). *El hombre unidimensional*, Barcelona: ed. Ariel.
Martínez Marzoa, F. (1983). *La filosofía de "El capital"*, Madrid: ed. Taurus.
Martínez Marzoa, F. (1999a). 'Estado y legitimidad', en Cruz, M. (comp) (1999). *Los filósofos y la política*, Madrid: ed. Fondo de Cultura Económica, pp. 85-100.
Martínez Marzoa, F. (1999b). 'Estado y *polis*', en Cruz, M. (comp) (1999). *Los filósofos y la política*, Madrid: ed. Fondo de Cultura Económica, pp. 101-116.
Marx, K. (1975). *El capital*, Madrid: ed. Siglo XXI.
Marx, K. (1979). *Manuscritos: economía y filosofía*, Madrid: Alianza Ed.
Marx, K. & Engels, F. (1975). *Obras escogidas*, Madrid: ed. Akal.
Marx, K. & Engels, F. (1998). *O manifesto comunista*, Vigo: edicións Xerais.
Meinecke, F. (1997). *La idea de la razón de Estado en la edad moderna*, Madrid: Centro de Estudios Constitucionales.
Merleau-Ponty, M. (1964). 'Nota sobre Maquiavelo', en Merleau-Ponty, M. (1964). *Signos*, Barcelona: ed. Seix&Barral, pp. 263-279.

Mounin, G. (1966). *Machiavel*, Saint-Amand: éditions du Seuil.
Namer, G. (1980). *Maquiavelo o los orígenes de la sociología del conocimiento*, Barcelona: ediciones Península.
Negri, A. (1994). *El poder constituyente*, Madrid: ediciones Libertarias/Prodhufi.
Parker, G. (1991). 'El surgimiento de las finanzas modernas en Europa (1500-1730)', en Cipolla, C.M. (ed) (1991). *Historia económica de Europa (2) Siglos XVI y XVII*, Barcelona: ed. Ariel, pp. 410-464.
Pocock, J.G.A. (2002). *El momento maquiavélico*, Madrid: ed. Tecnos.
Polibio (1986). *Selección de Historias* (edición de Cristóbal Rodríguez Alonso), Barcelona: ed. Akal.
Procacci, G. (1978). *Storia degli italiani*, vol. I, Bari: ed. Laterza.
Procacci, G. (1995). *Machiavelli nella cultura europea dell'età moderna*, Bari: ed. Laterza.
Renaudet, A. (1964). *Maquiavelo*, Madrid: ed. Tecnos.
Romano, R. & Tenenti, A. (1979). *Los fundamentos del mundo moderno (Historia universal siglo XXI)*, Madrid: ed. Siglo XXI.
Russo, L. (1983). *Machiavelli*, Bari: ed. Laterza.
Sabine, G. (1978). *Historia de la teoría política*, Madrid: ed. Fondo de Cultura Económica.
Santaella López, M. (1990). *Opinión pública e imagen política en Maquiavelo*, Madrid: Alianza Ed.
Sasso, Genaro (1980). *Niccolò Machiavelli. Storia del suo pensiero politico*, Bologna: Società editrice il Mulino.
Savonarola, G. (2000). *Tratado sobre la república de Florencia y otros escritos políticos*, Madrid: Los libros de la catarata.
Schmitt, C. (1975). *Estudios políticos*, Madrid: ed. Doncel.
Sella, D. (1991). 'Las industrias europeas (1500-1700)', en Cipolla, C. M. (ed) (1991). *Historia económica de Europa (2) Siglos XVI y XVII*, Barcelona: ed. Ariel, pp. 277-332.
Silio Cortés, C. (1946). *Maquiavelo y su tiempo*, Madrid: ed. Espasa Calpe.
Skinner, Q. (1985). *Los fundamentos del pensamiento político moderno*, México: ed. Fondo de Cultura Económica.
Skinner, Q. (1991). *Maquiavelo*, Madrid: Alianza Ed.
Tenenti, A. (1974). *Florencia en la época de los Médicis*, Barcelona: ediciones Península.
Tenenti, A. (1985). *La formación del mundo moderno*, Barcelona ed. Crítica.
Tenenti, A. (1999). 'El comerciante y el banquero', en Garin, E. y otros (1999). *El hombre del Renacimiento*, Madrid: Alianza Ed., pp. 197-228.

Thrupp, Sylvia L. (1991). 'La industria medieval, 1000-1500', en Cipolla, C.M. (ed) (1991). *Historia económica de Europa (2) Siglos XVI y XVII*, Barcelona: ed. Ariel, pp. 235-294.

Tito Livio (2000). *Los orígenes de Roma* (edición de Maurilio Pérez González) (Libros I-V), Madrid: ed. Akal.

Tito Livio (2001a). *Historia de Roma desde su fundación* (edición de José Antonio Villar Vidal) (Libros IV-VII), Barcelona: ed. Gredos.

Tito Livio (2001b). *Historia de Roma desde su fundación* (edición de José Antonio Villar Vidal) (Libros VIII-X), Barcelona: ed. Gredos.

Touchard, J. (1972). *Historia de las ideas políticas*, Madrid: ed. Tecnos.

Uscatescu, G. (1951). *De Maquiavelo a la razón de Estado*, Madrid: Imprenta de José Luis Cosano.

Uscatescu, G. (1969). *Maquiavelo y la pasión del poder*, Madrid: ediciones Guadarrama.

Vázquez Montalbán, M. (1998). *O César o nada*, Barcelona: ed. Planeta.

Villacañas Berlanga, J.L. (1999). 'Excepcionalidad y modernidad: Principe nuovo y vivere politico' en R. Aramayo, R. & Villacañas, J.L. (comps) (1999). *La herencia de Maquiavelo*, Madrid: ed. Fondo de Cultura Económica, pp. 15-42.

Villari, P. (1958). *Maquiavelo. Su vida y su tiempo*, México: ed. Grijalbo.

Vincieri, P. (1984). *Natura umana e dominio. Machiavelli, Hobbes, Spinoza*, Ravenna: Longo editore.

Viroli, M. (2000). *La sonrisa de Maquiavelo*, Barcelona: Tusquets editores.

Voltaire (1995). 'Borrador del Prefacio. Prefacio. Reseña', a Federico II de Prusia (1995). *Antimaquiavelo o refutación del Príncipe de Maquiavelo*, Bilbao: Centro de Estudios Constitucionales.

Waley, D. (1969). *Las ciudades-república italianas*, Madrid: ediciones Guadarrama.

Wallerstein, I. (1979). *El moderno sistema mundial. La agricultura capitalista y los orígenes de la economía-mundo europea en el siglo XVI*, Madrid: ed. Siglo XXI.

Weber, M. (1977). *Economía y sociedad*, vol. II, México: ed. Fondo de Cultura Económica.

Weber, M. (1995). *El político y el científico*, Barcelona: ed. Altaya.